AUTORES:

JOSÉ MARÍA CAÑIZARES MÁRQUEZ
CARMEN CARBONERO CELIS

COLECCIÓN OPOSICIONES MAGISTERIO: EDUCACIÓN FÍSICA

HABILIDADES, DESTREZAS Y TAREAS MOTRICES:
CONCEPTO, ANÁLISIS Y CLASIFICACIÓN.
ACTIVIDADES PARA SU DESARROLLO.
(VOLUMEN 9)

WANCEULEN
EDITORIAL DEPORTIVA

COLECCIÓN OPOSICIONES MAGISTERIO: EDUCACIÓN FÍSICA

VOLUMEN 9.

HABILIDADES, DESTREZAS Y TAREAS MOTRICES. CONCEPTO, ANÁLISIS Y CLASIFICACIÓN. ACTIVIDADES PARA SU DESARROLLO.

AUTORES

José Mª Cañizares Márquez

- Catedrático de Educación Física
- Tutor del Módulo del Practicum del Master de Secundaria
- Especialista en preparación de opositores
- Autor de numerosas obras sobre Educación y Preparación Física

Carmen Carbonero Celis

- D. E. A. en Instituciones Educativas
- Licenciada en Pedagogía
- Maestra de Primaria y Secundaria en centros de Educación Compensatoria
- Didacta presencial del Módulo de Pedagogía General en el CAP
- Profesora de Pedagogía Terapéutica en Centro Educación Primaria

Título: HABILIDADES, DESTREZAS Y TAREAS MOTRICES. CONCEPTO, ANÁLISIS Y CLASIFICACIÓN. ACTIVIDADES PARA SU DESARROLLO.

Autores: José Mª Cañizares Márquez y Carmen Carbonero Celis

Editorial: WANCEULEN EDITORIAL DEPORTIVA, S.L.

C/ Cristo del Desamparo y Abandono, 56   41006 SEVILLA

Dirección web: www.wanceulen.com

I.S.B.N.: 978-84-9993-480-8

Dep. Legal:

© **Copyright:** WANCEULEN EDITORIAL DEPORTIVA, S.L.

Primera Edición: Año 2016

Impreso en España:

Reservados todos los derechos. Queda prohibido reproducir, almacenar en sistemas de recuperación de la información y transmitir parte alguna de esta publicación, cualquiera que sea el medio empleado (electrónico, mecánico, fotocopia, impresión, grabación, etc), sin el permiso de los titulares de los derechos de propiedad intelectual. Cualquier forma de reproducción, distribución, comunicación pública o transformación de esta obra solo puede ser realizada con la autorización de sus titulares, salvo excepción prevista por la ley. Diríjase a CEDRO (Centro Español de Derechos Reprográficos, www.cedro.org) si necesita fotocopiar o escanear algún fragmento de esta obra.

ÍNDICE

Presentación de la Colección.

Introducción

1. ASPECTOS COMUNES A TENER EN CUENTA EN EL EXAMEN ESCRITO.

    1.1. Criterios de corrección y evaluación que siguen los tribunales.
    1.2. Consejos sobre cómo estudiar los temas. Estrategias.
    1.3. Recomendaciones para la realización del examen escrito. Estrategias.
    1.4. Modelo estandarizado de presentación de examen escrito.
    1.5. Partes estándares a todos los temas.

2. HABILIDADES, DESTREZAS Y TAREAS MOTRICES. CONCEPTO, ANÁLISIS Y CLASIFICACIÓN. ACTIVIDADES PARA SU DESARROLLO.

COLECCIÓN OPOSICIONES DE MAGISTERIO. ESPECIALIDAD DE EDUCACIÓN FÍSICA

PRESENTACIÓN DE LA COLECCIÓN

Los autores, con muchos años de experiencia en la preparación de oposiciones, hemos plasmado en esta Colección multitud de argumentos y detalles con la finalidad de que cada persona interesada en acceder a la función pública conozca minuciosamente todos los pormenores de la preparación.

La Colección está compuesta por una treintena de volúmenes, de los que veinticinco están dedicados a otros tantos capítulos del temario, y los cinco restantes a cómo hacer y exponer oralmente la programación didáctica y las UU. DD., así como a resolver el examen práctico escrito.

Los destinados a los temas llevan incorporados unos aspectos comunes previos sobre cómo hay que estudiarlos y consejos acerca de cómo realizar el ejercicio escrito.

Los aplicados al examen oral: defensa de la programación y exposición de las U.D.I., también llevan un capítulo referente a cómo es mejor hacer la expresión verbal, el mensaje expresivo, el esquema en la pizarra, etc.

Es decir, los autores no nos hemos ceñido a publicar un temario para las dos pruebas escritas (tema y casos prácticos) y las dos orales (programación y unidades). Hemos querido hacer partícipe de las técnicas que hemos seguido estos años y que tan buen resultado nos han dado, sobre todo a quienes sacaron plaza merced a su propio esfuerzo. No obstante, debemos destacar un aspecto capital: ratio del tribunal, es decir, ¿con cuántos opositores me tengo que "pelear" para conseguir la plaza?

Ya podemos ir perfectamente preparados, que si un tribunal tiene dos plazas para dar y hay diez opositores con un diez... la suerte de tener una décima más o menos en la fase de concurso nos dará o quitará la plaza.

Por otro lado, es conocido que desde hace año en España tenemos diecisiete "leyes de educación", es decir, una por autonomía, además de la que es común para todos y que, como las autonómicas, depende del partido político que gobierne en ese momento. No podemos obviar que la Educación y todo lo que le rodea -incluidos opositores- es un aspecto más de la política, si bien entendemos debería ser justo lo contrario. La formación de nuestros hijos no debe estar en función de unas siglas de unos partidos políticos, porque cuando uno consigue el poder, elimina por sistema lo hecho por el anterior, esté mejor o peor. Ejemplos, por desgracia, hay muchos desde la LOGSE/1990. Así pues, abogamos por un Pacto Educativo que incluya, lógicamente, a opositores y al Sistema de Acceso a la Docencia.

Esto trae consigo que, forzosamente, debamos basarnos en una línea de elementos legislativos. En nuestro caso, además de la nacional, nos remitimos a la de Andalucía. Por ello, las personas opositoras que nos lean deberán adecuar las citas legislativas autonómicas que hagamos a las de la comunidad/es donde acuda a presentarse a las oposiciones docentes.

Para cualquier información corta, los autores estamos a disposición de las personas lectoras en:

oposicionedfisica@gmail.com

INTRODUCCIÓN

Este volumen tiene dos partes claramente diferenciadas:

a) Por un lado tratamos diversos aspectos comunes a todos los temas escritos. Es decir, nos centramos en cómo hay que estudiarlos a partir de los propios criterios de valoración del examen que indica la Consejería de Educación de la Junta de Andalucía, y que suelen ser similares a los de otras autonomías. También incluimos los criterios de otras comunidades, pero no de todas porque se nos haría interminable.

Esta parte también incluye una serie de consejos acerca de cómo estudiar los temas, cuestión que no es baladí porque el opositor está muy limitado por el tiempo disponible para realizarlo.

Esto nos lleva a siguiente punto, el "perfil" de cada opositor, su capacidad grafomotriz muy a tener en cuenta para que en el tiempo dado seamos capaces de tratar el tema elegido con una estructura adecuada a los criterios de evaluación que el tribunal va a usar en la corrección.

Es muy corriente el comentario de "mientras más sepas, más nota sacas y más posibilidades de obtener plaza tienes". Esto trae consigo, en muchas ocasiones, que el opositor se encuentre con "montañas de papeles" sin estructurar, sin saber si un documento reitera lo de otro, sin dominar la capacidad de síntesis ante tanto volumen de definiciones, clasificaciones, teorías, opiniones, etc.

La realidad es muy distinta. El opositor debe llevar preparado al menos veinticuatro documentos (para tener el 100% de que le va a salir en el sorteo un tema estudiado concienzudamente), con la información muy exacta de lo que le da tiempo a escribir correctamente desde todos los puntos: científico, legislativo, autores, estructura del propio examen, sintaxis, ortografía, etc.

Muchas veces nos han preguntado por el conocimiento de los tribunales, si están al día, etc. Nuestra respuesta ha sido siempre la misma: "sabrán más o menos de cada uno de los veinticinco temas, lo leerán con más o menos detenimiento, pero seguro que lo que más saben es corregir escritos porque lo hacen a diario en sus aulas, de ahí que debamos prestar la máxima atención a estos aspectos formales". Para ello añadimos al final una hoja-tipo.

Completamos este primer capítulo con una tabla de planificación semanal que debemos hacer desde un principio para "obligarnos" y seguirla con disciplina espartana, si de verdad queremos tener éxito.

b) Por otro, el Tema 9 totalmente actualizado a fecha de hoy. La persona opositora debe, una vez conozca el volumen de contenidos que es capaz de escribir, hacer un resumen equitativo de cada punto y "cuadrarlo" a su capacidad grafomotriz. A partir de aquí, a estudiarlo... pero escribiéndolo ya que la nota nos la van a poner por lo que escribamos y cómo expresemos esos contenidos. Pero, si en la comunidad donde nos examinemos, el escrito hay que leerlo al tribunal, de nuevo lo haremos, cuanto antes mejor, para ensayar la lectura y que determinadas palabras no se nos "atraganten".

CRITERIOS DE CORRECCIÓN Y EVALUACIÓN QUE SIGUEN LOS TRIBUNALES

Consideramos imprescindible saber **previamente** cómo nos va a evaluar el Tribunal para realizar el examen con respecto a los ítem que va a tener en cuenta. Aportamos varios **modelos** que han transcendido y que, básicamente, se diferencian en la **formulación** de las consideraciones y en su valoración, no en el **fondo**.

CRITERIOS DE EVALUACIÓN EN ANDALUCÍA.

La Consejería de Educación de la Junta de Andalucía informa a los sindicatos, en mayo de 2007, sobre un "borrador" de criterios de evaluación para el "Concurso Oposición al Cuerpo de Maestros 2007". Posteriormente, como pudimos comprobar esa convocatoria y las siguientes, estos criterios se hicieron "firmes".

Transcribimos literalmente los cinco puntos a considerar sobre el tema escrito:

CRITERIOS GENERALES TEMA ESCRITO

Estructura del tema.

a) Presenta un índice.
b) Justifica la importancia del tema.
c) Hace una introducción del mismo.
d) Expone sus repercusiones en el currículum y en el sistema educativo.
e) Elabora una conclusión acorde con el planteamiento del tema.

Contenidos específicos.

a) Adapta los contenidos al tema.
b) Secuencia de manera lógica y clara sus apartados.
c) Argumenta los contenidos.
d) Profundiza en los mismos.
e) Hace referencia al contexto escolar.

Expresión.

a) Muestra fluidez en la redacción.
b) Hace un uso correcto del lenguaje, con una buena construcción semántica.
c) Emplea de forma adecuada el lenguaje técnico.

Presentación.

a) Presenta el escrito con limpieza y claridad.
b) Utiliza un formato adecuado teniendo en cuenta el apartado 4 del artículo 7.4.1. de la Orden de 24 de marzo de 2007, BOJA nº 60 del 26/03/2007.
Nota: Se refiere a aspectos formales tales como no firmar el examen, entregarlo en un sobre con etiquetas, etc.

Bibliografía/Documentación.

a) Fundamenta los contenidos con autores o bibliografía.
b) Sitúa el tema en el marco legislativo pertinente.

La Consejería de Educación de la Junta de Andalucía informa a los sindicatos, en **junio de 2015**, sobre los criterios de evaluación para el "Concurso Oposición al Cuerpo de Maestros 2015". Transcribimos literalmente los cuatro puntos a considerar sobre el tema escrito:

CRITERIOS GENERALES A TENER EN CUENTA EN LA CORRECCIÓN DEL TEMA ESCRITO (JUNIO 2015).

1. Estructura del tema.

a) Secuencia de manera lógica y clara cada uno de los apartados del tema
b) Expone con claridad

2. Contenidos.

a) Argumenta y justifica científicamente los contenidos
b) Conoce y tarta con profundidad el tema
c) Realiza una transposición didáctica de la teoría expuesta a la práctica
d) Fundamenta los contenidos con autores y bibliografía que realmente hagan referencia al contenido en cuestión, así como a la normativa vigente

3. Expresión.

a) Redacta con fluidez
b) Usa correctamente el lenguaje y presenta una adecuada construcción sintáctica
c) Usa con propiedad el lenguaje técnico específico de la especialidad
d) No se aprecian divagaciones, reiteraciones, etc.

4. Presentación.

a) El ejercicio es legible: no hay que estar deduciendo qué quiere decir ni traduciendo el texto
b) Se observa limpieza y claridad en el ejercicio
c) Usa un formato adecuado

CRITERIOS GENERALES A TENER EN CUENTA EN LA CORRECCIÓN DEL TEMA ESCRITO
(Comunidad de Castilla-La Mancha)

Los criterios de evaluación del tema escrito (Comunidad de Castilla-La Mancha), que tuvieron los tribunales en cuenta en la convocatoria de 2007 y que fueron establecidos por la Comisión de Selección de la Especialidad de Educación Física, son:

CRITERIOS PARA EVALUAR EL TEMA ESCRITO. PARTE "A"	Puntuación
1.- Introducción, justificación, índice y mapa conceptual.	(MÁXIMO 1,5 puntos)
2.- Contenidos específicos	
2.1.- Trata todos los epígrafes del tema. 2.2.- Adecuación de los contenidos al tema. Los contenidos se ajustan al tema. 2.3.- Profundización de los mismos. 2.4.- Organización lógica y clara en cada punto. Atendiendo al índice. 2.5.- Argumentación de los contenidos. 2.6.- Referencia al contexto escolar. 2.7.- Relaciona con otros temas del currículum. 2.8.- Originalidad y creatividad en el tema.	(MÁXIMO 6,5 puntos)
3.- Bibliografía	
3.1.- Bibliografía específica del tema. Cita autores y hace referencias bibliográficas. 3.2.- Aspectos legislativos. Hace referencia a la legislación nacional y autonómica.	(MÁXIMO 0,75 puntos)
4.- Conclusión y valoración personal	(MÁXIMO 0,75 puntos)
5.- Aspectos formales. Presentación, estructura, organización, uso de vocabulario técnico.	(MÁXIMO 0,5 puntos)
6.- Errores	
a. Divagaciones b. Faltas de ortografía c. Errores garrafales	SE VALORARÁ NEGATIVAMENTE POR PARTE DEL TRIBUNAL
Total	10 Puntos.

OTROS CRITERIOS GENERALES A TENER EN CUENTA EN LA CORRECCIÓN DEL TEMA ESCRITO

Otros tribunales siguieron unos criterios de evaluación del examen escrito como los que ahora reflejamos:

		CRITERIOS PARA EVALUAR EL TEMA ESCRITO	
1		Introducción, índice y mapa conceptual	Máximo 1 punto
2		Nivel de contenidos	Máximo 5 puntos
	2.1.	Trata todos los epígrafes del tema	
	2.2.	Los contenidos se ajustan al temario	
	2.3.	Relaciona con otros temas del curriculum	
	2.4.	Hace referencia a la legislación nacional y autonómica	
	2.5.	Cita autores y/o referencias bibliográficas	
3		Aspectos formales: presentación, estructura, organización, vocabulario y ortografía	Máximo 3 puntos
4		Conclusión, valoración personal y bibliografía	Máximo 1 punto

Esta tabla tuvo su origen en la Convocatoria de Castilla La Mancha hace unos años. Sus criterios siguen vigentes.

Cuadro resumen de los Criterios de Evaluación	Temas A

1.- Contenidos específicos
   a. Adecuación de los contenidos al tema.
   b. Profundización de los mismos.
   c. Organización lógica y clara en cada punto (Índice).
   d. Argumentación de los contenidos.
   e. Referencia al contexto escolar.
   f. Originalidad y creatividad en el tema.
	2,75 puntos

2.- Introducción y conclusión
   a. Justificación de la importancia del tema.
   b. Repercusiones en nuestra área y en el Sistema Educativo.
   c. Buena introducción del tema.
   d. Conclusión.
	0,5 puntos

3.- Expresión
   a. Fluidez del discurso.
   b. Buena redacción, sin errores sintácticos, redundancias...
   c. Uso del lenguaje técnico.
	1 puntos

4.- Presentación
   a. Limpieza y claridad.
   b. Formato con variedad de recursos (gráficos, sangrías, diferenciación entre títulos, subtítulos, contenidos, esquema, etc.)
	0,5 puntos

5.-Bibliografía
   a. Bibliografía específica del tema.
   b. Aspectos legislativos.
	0,25 puntos

Penalizaciones
   a. Divagaciones
   b. Faltas de ortografía
   c. Errores garrafales
	A restar según criterio del propio tribunal

Totales	5 Ptos.

En **2013**, la Convocatoria de Primaria en **Castilla-La Mancha** incluían estos **criterios**:

PARTE 1B *DESARROLLO DE UN TEMA DE LA ESPECIALIDAD*	PESO ESPECÍFICO
1. Estructurar el tema de forma coherente, secuenciada, justificada y equitativa con todos los apartados.	25%
2. En relación a los contenidos desarrollados, responder al tema planteado, adaptándose al currículum, con aportaciones teórico-prácticas, siendo funcional para la práctica docente.	40%
3. Ser original y creativo en el desarrollo del tema, estableciendo conexiones con otros contenidos del currículum, con aportaciones personales fundamentadas que revelan la creación propia e inédita del mismo.	15%
4. El tema será afín a unas bases teóricas, a una fundamentación científica de la que parte el currículum, al tiempo que aporta ideas nuevas.	5%
5. Mostrar una lectura fluida y comprensible, con una actitud transmisora y un desarrollo expositivo que se ciñan al tema.	15%

En la Convocatoria de **Secundaria** de **Andalucía** de **2016**, los criterios o "indicadores" a tener en cuenta por los tribunales para el examen escrito, son:

INDICADORES

● ESTRUCTURA DEL TEMA:

- Índice (adecuado al título del tema y bien estructurado y secuenciado).
- Introducción (justificación e importancia del tema).
- Desarrollo de todos los apartados recogidos en el título e índice.
- Conclusión (síntesis, donde se relacionan todos los apartados del tema).
- Bibliografía (cita fuentes diversas, actualizadas y fidedignas).

● EXPRESIÓN Y PRESENTACIÓN:

- Fluidez en redacción, adecuada expresión escrita: ortografía y gramática.
- Riqueza y corrección léxica y gramatical (IDIOMAS).
- Limpieza y claridad.

● CONTENIDOS ESPECÍFICOS DEL TEMA:

- Nivel de profundización y actualización de los contenidos.
- Valoración o juicio crítico y fundamentado de los contenidos.
- Ilustra los contenidos con ejemplos, esquemas, gráficos…
- Secuencia lógica y ordenada.
- Uso correcto y actualizado del lenguaje técnico.

CONSEJOS SOBRE CÓMO ESTUDIAR LOS TEMAS. ESTRATEGIAS.

Exponemos una serie de consejos que solemos dar a nuestros opositores:

- Cada uno tiene un "método" que ha experimentado durante su vida de estudiante, sobre todo a nivel universitario, de ahí que nuestra influencia sea relativa. No obstante, muchos nos reconocen que *"nunca hemos estudiado en profundidad hasta comenzar a prepararnos las oposiciones"*.

- Reconocemos que hay **múltiples** formas de estudio. Hemos tenido opositores que necesitaban estar tumbados, otros sentados y en total silencio, otros tenían que tener forzosamente una tenue música de fondo, etc. Es decir, existen muchas maneras con más o menos **dependencia/independencia** de **campo**.

- Unos precisan **luz** natural, otros luz blanca o azul, con flexo cercano o con la de la lámpara del techo…

- Hay quien prefiere estudiar a base de **resúmenes** hechos en un procesador de textos y otros, en cambio, tenían que estar a mano.

- Muchos prefieren **grabar** verbalmente los contenidos para reproducirlos cuando viaja, corre, nada o anda y así aprovechar estos "tiempos muertos".

- Otros requieren **gráficos** y mapas conceptuales. Incluso, hemos tenido los que preferían hacer un póster-esquema y colgarlo a la pared para leerlo de pie…

- Otro grupo lo conforman aquellos que prefieren subrayar o señalar los puntos clave con rotulador marcador tipo fluorescente, otros a lápiz… Eso sí, lo señalado debe tener encadenamiento o cohesión interna para verterlo, ya redactado, en el examen, de ahí que **debamos estudiar escribiendo**, porque el examen escrito trata de ello.

- Debemos usar bolígrafos de gel por ser más rápidos en su trazo y papel tamaño A4, que es el que nos van a proporcionar el día del examen. Ojo a los tipos de **bolígrafos permitidos** por los tribunales, debemos estar muy atentos a lo que nos dicen el día de la **presentación**. Independientemente de ello, debemos acostumbrarnos a poner el folio directamente sobre la superficie dura de la mesa, ya que así la velocidad de escritura es superior que si lo situamos encima de otros folios porque éstos hacen que el espacio de apoyo nos frene por ser más blando. Un **reloj** para controlarnos los tiempos es imprescindible también.

- En cualquier caso, no sería bueno estudiar más de dos horas seguidas, sobre todo si estamos sentados. Ello, normalmente, acarrea contracturas dorso-lumbares, en los miembros inferiores, etc. con el consiguiente dolor y molestia. Lo mismo podemos decir a nivel de nuestra visión.

- Realizar **actividad física o deportiva** varias veces a la semana es muy aconsejable por simple razón de compensación y revitalización personal.

- Es bueno, pues, cada dos horas aproximadamente, hacer un **alto horario** de 8-10 minutos para despejarnos mentalmente y estirarnos físicamente. Beber **agua** y la ingesta de **fruta** suele ser positivo. Esto es extensible al día del examen de la oposición.

- No obstante, si la convocatoria nos dice que el escrito durará más de este tiempo, debemos paulatinamente aumentar las dos horas hasta llegar al **tope** marcado.

- Siempre recomendamos realizar una **planificación** semanal personalizada, que regule nuestro **tiempo** destinado al estudio (avance y repaso de los temas del escrito, casos prácticos, exposición oral), al trabajo, deporte, ocio, obligaciones familiares, etc. Ver tabla/ejemplo en la página siguiente.

- **¿Cuánto tiempo dedicar al estudio?** No podemos dar "recetas" pues depende del nivel previo de cada opositor. Hay quien trae excelentes aprendizajes previos de la carrera y hay quien ese nivel lo trae demasiado básico. Otros ya tienen experiencias en oposiciones, etc. Así pues cada uno debe auto regularse en función de sus capacidades y sus circunstancias personales. Genéricamente podemos indicar que, al menos, 4-6 horas/día divididas por un descanso de 10-15 minutos puede ser un estándar adecuado. A partir de ahí, personalizar en función del avance o no obtenido.

- Siempre debemos tener un "**molde personal**" en función de la capacidad grafomotriz, habida cuenta el **ahorro** de tiempo y energía que nos supone seguir esta estrategia.

- De cualquier forma, debemos respetar el dicho popular "*lo que no se recuerda, no se sabe*", de ahí **memorizar comprensivamente** lo más significativo.

- La **memoria**, al igual que ocurre con la condición física, se mejora ejercitándola con frecuencia.

- Tan importante es memorizar un tema nuevo como no olvidar los ya aprendidos, por lo que es necesario **consolidar**, repasando, lo estudiado. Comprobar que dominamos temas anteriores mejora nuestra capacidad de auto concepto.

- De ahí la importancia de estudiar teniendo delante nuestro **resumen personalizado** y olvidarnos de aumentar los contenidos del tema porque, además de crearnos inquietudes, posiblemente no podamos reflejar todo lo que sabemos en el tiempo que tenemos de examen.

Mostramos en el siguiente **gráfico** un claro y rápido ejemplo de cómo auto planificarse el estudio durante la semana a partir de tres **módulos** diarios:

EJEMPLO DE PLANIFICACIÓN SEMANAL-TIPO
Combinación de estudio-repaso-programación-UU.DD.-prácticos-trabajo profesional-descanso

LUNES	MARTES	MIÉRCOLES	JUEVES	VIERNES	SÁBADO	DOMINGO
MAÑANA	**MAÑANA**	**MAÑANA**	**MAÑANA**	**MAÑANA**	**MAÑANA**	**MAÑANA**
TRABAJO	Estudio tema nuevo semana	TRABAJO	Repaso tema nuevo	TRABAJO	Casos Prácticos	Libre
TRABAJO	Estudio tema nuevo semana	TRABAJO	Programación	TRABAJO	Casos Prácticos	Libre
TARDE	**TARDE**	**TARDE**	**TARDE**	**TARDE**	**TARDE**	**TARDE**
Estudio tema nuevo semana	Programación	Repaso temas anteriores	UU. DD.-U.D.I.	Sesión de clase con preparador	Repaso temas anteriores	Repaso temas anteriores

RECOMENDACIONES PARA LA REALIZACIÓN DEL EXAMEN ESCRITO. ESTRATEGIAS.

NOTA: Muchos de los consejos que ahora damos, sobre todo los relacionados con la presentación, escritura, etc. son también aplicables a la realización por escrito de los casos prácticos, si los hubiera.

En las convocatorias anteriores se ha comprobado que la mayoría de aprobados en el examen escrito tenían **buena letra**, además de contenidos notables. Efectivamente, entre los criterios de evaluación que utilizan los tribunales hay algunos puntos destinados a la **presentación** que no podemos desechar. Incluso, si la Orden de la Convocatoria indica que el opositor deberá **leer** su propio **examen** ante el tribunal, éste suele comprobar posteriormente su estructura, sintaxis, ortografía, etc.

No llegar a tiempo a los llamamientos supone la primera **precaución** a tomar. En ocasiones, las instalaciones donde se celebran las oposiciones se ven saturadas desde varios kilómetros antes de llegar. A ello hay que sumar el tiempo para aparcar, buscar el aula asignada, etc. **Llegar tarde** puede suponer la **no presentación** y la consiguiente **eliminación**.

Gracias a las observaciones hechas por los tribunales de años anteriores y por los criterios de evaluación que han transcendido, estamos en disposición de apuntar una serie de anotaciones a considerar por las personas opositoras durante su periodo de preparación con nosotros. Habitualmente los tribunales reservan parte de la nota total para los **aspectos "formales"** del examen, que ahora comentamos. Esto es de vital importancia porque dos opositores con igual cantidad y calidad de contenidos, sacará mejor nota quien mejor lo presente. Ante ello, reservar algunos minutos para poder **revisar** el examen antes de entregarlo, teniendo en cuenta lo siguiente:

- Nadie aprueba con **mala letra**. Igual decimos de la presentación y limpieza.
- Esto lo hacemos extensivo a las faltas de **ortografía**, acentuación, mala **sintaxis**, incorrecciones **semánticas**, **expresión** y **redacción**, **vulgarismos**, **repetir la misma palabra** continuadamente, **tachones**, suciedad, etc. No podemos "escribir igual que hablamos". También, no poner el número del tema elegido o su título. Otro error habitual es el mal uso de los puntos, bien seguido, bien aparte.
- Debemos escribir por **una carilla** -al menos que el tribunal indique otra cosa- con letra más bien grande para facilitar su lectura. No poner detalles como "no recuerdo..."; "creo que..."; "no me da tiempo..."; "me parece que es...".
- La **media** de **folios** (carillas o páginas) que suelen hacer nuestros preparados están entre **14 y 16**, con **17-22 renglones** cada una (20 lo habitual) y **9 palabras/renglón,** teniendo en consideración unos **márgenes laterales** y **superior e inferior** de 2 a 2'5 centímetros. No obstante, conforme avanza la preparación y la habilidad para escribir este tipo de examen, hay quien aumenta el volumen de páginas de manera significativa, pero siempre manteniendo y respetando los criterios de evaluación que suelen tener los tribunales: letra, limpieza, construcción semántica, ortografía, etc. Si preferimos escribirlo en un procesador de textos, como puede ser "Word", el número de palabras suele estar alrededor de las 2400-2700, aproximadamente.
- Los **renglones** deben ser **paralelos** y siempre con el mismo **interlineado**. En caso de tener problemas para hacerlo, podemos llevarnos una **plantilla** ya hecha, como una hoja tamaño folio de cuaderno de rayas, o bien hacerla allí

mismo con lápiz y regla. Si tampoco pudiese ser (a veces los tribunales han hecho especial hincapié en "no entrar con plantilla, regla, etc."), nos esmeraríamos en la realización de la primera página, aunque tardásemos más tiempo, y ésta nos serviría como "falsilla" o planilla de renglones. Otro **truco** es hacerla a partir del **DNI** al que previamente le hemos hecho unas señales minúsculas con la anchura que deseamos. Éste nos sustituiría a la regla.

- No se puede ser "loco o loca" escribiendo. Para ello es importante el **entrenamiento** durante el periodo de preparación. De ahí surge la **automatización** de todos estos aspectos, además del sangrado, márgenes, etc. No poner abreviaturas.
- Por otro lado debemos **numerar** las hojas, incluso algunos lo hacen poniendo "1 de 15; 2 de 15…".
- La utilización de **dos colores** de tinta **no** suele estar **permitido**, como tampoco subrayados para señalar los títulos, epígrafes, ideas fundamentales, etc., al menos que el tribunal exprese lo contrario. En todo caso, **preguntar** al tribunal antes de empezar si es posible su uso, así como de tippex. También si se pueden poner gráficos, flechas, tablas, etc., si el tribunal lo permite, pero la Orden de la Convocatoria suele prohibirlo por considerarlo posible "**señal**". Un **bolígrafo** tipo **gel** y apoyarnos sobre un **superficie dura** para que éste se deslice mejor, nos permite mayor velocidad de escritura manteniendo su calidad. Quienes suelen hacer tachaduras, previendo que no les dejen usar tippex, pueden optar por un **bolígrafo borrable por fricción** (marca Pilot o similar) que elimina cualquier rastro de su propia tinta. No obstante, determinados "bolígrafos rápidos" que se basan en tinta tipo gel, suelen ser peor para opositores **zurdos**, por razones obvias. Recordamos la necesidad de seguir exactamente las **instrucciones** que nos dé el tribunal al respecto, habida cuenta tenemos experiencias sobre la **anulación** de exámenes por el uso de este tipo de herramienta de escritura.
- No olvidemos que la mayoría de los títulos de los temas tienen tres puntos, por lo que debemos **dividir** la totalidad de materia que escribamos en tres partes similares. De esa forma, evitamos exponer mucho contenido de una parte en perjuicio de otra. Así pues, normalmente haremos tres puntos con varios sub-puntos cada uno buscando la conexión entre los mismos. Además, pondremos el **índice** al principio, tras el título, **introducción, conclusiones, bibliografía** -que incluye la legislación- y webgrafía. En **resumen**, queda muy bien, limpio y "amplio", la estructuración del examen de esta manera:

    - **Título** del Tema. 1ª página. Mayúsculas y en una única página.
    - **Índice**. 2ª página. En una sola página.
    - **Introducción**. 3ª y 4ª página. Debe tener cierta peculiaridad con objeto de atraer la curiosidad del corrector. Nombrar los descriptores del título y en cada uno dar una o dos referencias del mismo. Podemos "presentarlo" a través de su importancia en el currículo y citar sus referencias legislativas. Usar, preferentemente, dos páginas.
    - **Apartados o descriptores** y los sub-apartados. 5ª página. Es el eje alrededor del cual gira la nota relativa a los contenidos. Incluye definiciones, clasificaciones, teorías, líneas metodológicas, referencias curriculares, aplicaciones prácticas, actividades, etc., todo ello citando a autores y normativa que luego quedarán reflejados en la bibliografía, pero con una redacción técnica. En cualquier caso debemos marcar claramente cuándo finalizamos el primer punto y comenzamos el siguiente. Si somos "olvidadizos", podemos dejar un interlineado relativamente amplio por si nos acordamos después de algún detalle olvidado y deseamos incorporarlo sin tachones.

- **Conclusiones**. Lo más notable que hemos tratado, los puntos clave. Al ser lo último que el corrector lee, deben estar muy cuidadas porque puede influir decisivamente en la nota.
- **Bibliografía**. Reseñar algún libro "comodín" y de los autores nombrados anteriormente. También la legislación significada.
- **Webgrafía**. Alguna general, como revistas digitales, o específica.

En cualquier caso, es **imprescindible** conocer los **criterios de evaluación** que van a seguir los tribunales, máxime si son públicos, como viene ocurriendo en varias comunidades autónomas, y en Andalucía de forma más concreta, tal y como hemos citado en el capítulos anteriores. Debemos, pues, hacer caso de ellos y citar o desarrollar todos los **aspectos** que los criterios mencionan.

Precisamente, el tiempo no lo podemos "regalar" ni despreciar, por lo que si terminamos el examen y aún quedan cinco o diez minutos, debemos **repasar** lo escrito por si se nos ha olvidado algo relevante o no hemos puesto la debida atención a las faltas gramaticales, sesgos sexistas, escritura con "códigos SMS", etc. Así pues, debemos agotar el tiempo subsanando cualquier error.

Si la preparación ha sido buena, nada más hacerse el sorteo de los temas, debemos decidirnos por uno. Inmediatamente nos concentramos y empezamos a desarrollarlo, porque debemos ya tener "**automatizada**" su escritura. Si empezamos a dudar, comenzamos a perder el escaso tiempo que nos dan.

En caso de haber estudiado con "**esquemas**", lo mejor sería hacernos uno en sucio para usarlo como guía en la redacción del examen. Este folio nos sirve también para tomar notas, para ir estructurando el tema, etc. Pero, repetimos, la escritura del tema debemos tenerla automatizada porque si no perdemos el tiempo. Esta hoja la destruiríamos al terminar.

Si hemos preparado una introducción, conclusiones, bibliografía y webgrafía "estándar", podemos irlas escribiendo en el llamado "**tiempo perdido**" que suele haber desde que nos dan los folios hasta que sortean los números de los temas. Después podemos añadir los rasgos específicos del tema ya elegido.

Nuestros preparados suelen preguntarnos por la expresión a usar. Aconsejamos el "**plural mayestático**" (*nosotros, ahora vemos, podemos seguir, observamos*, etc.)

Otro aspecto importante es la **elección** del tema de entre los sorteados. Debemos hacer el que dominemos mejor, el que ya lo hayamos escrito muchas veces durante la preparación, el que nos garantice escribir más folios, en suma, el que nos dé más seguridad.

No olvidar llevarse **agua** y alguna pieza de **fruta**. Normalmente a finales de junio suele hacer mucho **calor** y la sensación de éste aumenta con la tensión del examen.

Ahora adjuntamos una **hoja con un resumen** de los **aspectos formales** del examen escrito del tema, aunque aplicable también a la redacción de los **casos prácticos**.

MODELO ESTÁNDAR DE PRESENTACIÓN PARA PRUEBA ESCRITA

2.- COORDINACIÓN Y EQUILIBRIO EN LA INICIACIÓN AL FÚTBOL ESCOLAR.

2.1. CONCEPTUALIZACIONES PRELIMINARES.

Desde un primer momento es adecuado tener en cuenta que cualquier movimiento, por mínimo que sea, requiere coordinación y equilibrio adecuados. Por ejemplo, abrir y cerrar una mano conlleva que una serie de grupos musculares realicen (agonistas) la acción y que otros se relajen (antagonistas) para que aquéllos puedan actuar, así como que otros grupos estabilicen (fijadores) los de la muñeca para que lo anterior pueda tener lugar (Téllez, 2014).

La coordinación nos permite hacer lo pensado, es decir, realizar la imagen mental que nos hemos hecho, el esquema motor. Está íntimamente ligada a las habilidades y destrezas básicas a través de su relación con la coordinación dinámico general y la coordinación óculo-segmentaria, respectivamente (Mateos y Garriga, 2015).

Precisamente, las edades porpias de la Primaria son las más críticas para el desarrollo de las capacidades coordinativas (Bugallal, 2011).

Si nos fijamos atentamente en un partido de fútbol podemos observar numerosas acciones diferentes y que, mal hechas, pueden producir lesiones, como dejinses:

a) Carreras
b) Saltos
c) Giros
d) Lanzamientos

Todos ellos con infinidad de VARIANTES. Para que todos esos gestos "salgan bien" ~~havrá~~ habrá sido necesario un director que regule todos los mov. Esta es la función del sistema nervioso.

PARTES ESTÁNDARES A TODOS LOS TEMAS.

Muchas de las personas que preparamos tienen **problemas** por la falta de tiempo o de, simplemente, por ser poco capaces de aprender **introducciones, conclusiones, bibliografías, legislación y webgrafía** de cada uno de los temas.

Uno de los **remedios** para no "castigar" la memoria es confeccionarse unos "**estándares**" o "**comunes**" que den servicio a estos apartados.

Si a ello le unimos la racionalidad en la confección del Índice, a partir de los tres o cuatro apartados o descriptores del título del tema, hemos ahorrado un esfuerzo a nuestra memoria.

Así pues, vamos a dar una serie de **consejos** para que cada persona lectora los elabore de una forma sencilla pero eficaz unos textos usuales, si bien deberíamos a continuación podríamos **complementarlos** con unos **rasgos específicos** del tema que, prácticamente, nos vienen dado por el **título** del tema que nos escribirá el tribunal en la pizarra de la sala de examen. Por ejemplo, si la Introducción la hacemos en dos páginas, los aspectos comunes pueden suponer entre el 60-75 %, es decir, página y un tercio de la siguiente. Si la Conclusión la hacemos en una única, las tres cuartas partes podemos dedicarla a los textos estandarizados y el resto a los concretos del tema escrito.

INTRODUCCIONES COMUNES A TODOS LOS TEMAS

Cuando hemos hablado con los componentes de los tribunales, habitualmente nos indican que suelen fijarse en el "detalle" de si el opositor ha puesto desde el principio o no **referencias** a la **legislación actual**, debido a que suelen entender que cualquier tema debe redactarse **a partir** de las leyes educativas, decretos y órdenes que las desarrollan. Así pues, debemos hacer mención, **respetando su jerarquía**, de:

- Ley Orgánica 8/2013, de 9 de diciembre, para la mejora de la calidad educativa (LOMCE). B.O.E. nº 295, de 10/12/2013.
- Ley Orgánica 2/2006, de 3 de mayo, de Educación (LOE). B.O.E. nº 106 del 04/06/2006. (Modificada por la LOMCE/2013).
- Ley 17/2007, de 10 de diciembre, de Educación en Andalucía. B.O.J.A. nº 252, de 26/12/2007.
- M. E. C. (2014). *Real Decreto 126/2014, de 28 de febrero, por el que se establece el currículo básico de la Educación Primaria*. B. O. E. nº 52, de 01/03/2014.
- M.E.C. (2015). *Orden ECD/65/2015, de 21 de enero, por la que se describen las relaciones entre las competencias, los contenidos y los criterios de evaluación de la educación primaria, la educación secundaria obligatoria y el bachillerato*. B.O.E. nº 25, de 29/01/2015.
- JUNTA DE ANDALUCÍA (2015). *Decreto 97/2015, de 3 de marzo, por el que se establece la ordenación y el currículo de la educación Primaria en la comunidad Autónoma de Andalucía*. BOJA nº 50 de 13/013/2015.
- JUNTA DE ANDALUCÍA (2015). *Orden de 17 de marzo de 2015, por la que se desarrolla el currículo correspondiente a la educación Primaria en Andalucía*. BOJA nº 60 de 27/03/2015.

No obstante, entendemos que sería un buen detalle **citar** también a las **Competencias Clave**, habida cuenta su importancia a partir de la publicación de la LOE/2006, actualizada por la LOMCE/2013.

Igualmente podemos hacer mención a la legislación correspondiente a la evaluación o a la relacionada con la atención a la **diversidad**, pero tanto texto no nos cabe, de ahí la necesidad de **sintetizar** la información que consideremos más representativa.

Otra línea es plasmar alguna "**frase hecha**", como "*enseñar Educación física con éxito supone diseñar una programación coherente con el contexto, disponer de un amplio abanico de estrategias didácticas, generar un clima de clase que invite al aprendizaje, utilizar adecuadamente los recursos materiales y tecnológicos e integrar la evaluación en el proceso de aprendizaje*" (Blázquez y otros, 2010).

Otro ejemplo puede ser: "*Uno de los fines genéricos que persigue la Educación Física escolar es el de favorecer la ubicación personal del alumno/a en la sociedad, en una cultura corporal donde la escuela proporcione al alumnado los medios apropiados para su acceso y, en consecuencia, conseguir los beneficios que de ella pueden conseguir: desarrollo personal; equilibrio psicofísico; mejorar la salud; disfrutar del tiempo de ocio; etc., así como el desarrollo de la autonomía personal ante las influencias que imponen los nuevos mitos sociales*". "*El cuerpo y el movimiento como ejes básicos de nuestra acción educativa*"; "*el área de Educación Física se muestra sensible a los acelerados cambios que experimenta la sociedad...*"; "*la importancia de las relaciones interpersonales que se generan alrededor de la actividad física permiten incidir en la asunción de valores como el respeto, la aceptación, la cooperación...*", procedentes de legislaciones pasadas, pero de plena actualidad por la temática expresada.

Posteriormente, en la Introducción debemos hacer referencias a la materia que trata el tema elegido, lo que antes hemos referenciado como "rasgos específicos". Esto nos resulta fácil con un poco de práctica, simplemente comentando una o dos líneas a partir del título del tema que el tribunal detalla en la pizarra. No obstante, el sentido de lo que expresemos debe ir encaminado a lo que "vamos a tratar en el desarrollo del tema..."

CONCLUSIONES COMUNES A TODOS LOS TEMAS

Si en las introducciones se basan en lo que "vamos a estudiar en el tema...", con las Conclusiones ocurre al contrario: "a lo largo del tema hemos visto (escrito, estudiado, tratado, etc.) la importancia de..." Para ello podemos **actuar** como antes, es decir, un par de **párrafos comunes** a todas las temáticas. Por ejemplo, "la trascendencia del conocimiento del propio cuerpo, vivenciándolo y disfrutándolo, además de respetarlo". Otra posibilidad es incluir un párrafo basándonos en algunos ejemplos de estos textos **estandarizados**:

"*Todos los niños y niñas tienen el derecho a una educación de calidad que permita su desarrollo integro de sus posibilidades intelectuales, físicas, psicológicas, sociales y afectivas*" (Decreto 328/2010). "*Entendemos la etapa de primaria como fundamental para el desarrollo de las capacidades motrices del alumnado y donde el docente debe observar las deficiencias de éstos para corregirlas lo más rápidamente posible*".

En Andalucía, la O. 17/03/2015, indica que: "*la Educación Física es un área en la que se optimizan las capacidades y habilidades motrices sin olvidar el cuidado del cuerpo, salud y la utilización constructiva del ocio. En Educación física se producen relaciones de cooperación y colaboración, en las que el entorno puede ser estable o variable, para conseguir un objetivo o resolver una situación. La atención selectiva, la interpretación de las acciones de otras personas, la previsión y anticipación de las propias acciones teniendo en cuenta las estrategias colectivas, el respeto de las normas, la resolución de problemas, el trabajo en grupo, la necesidad de organizar y adaptar las respuestas a las variaciones del entorno, la posibilidad de conexión con otras áreas, el juego como herramienta primordial, la imaginación y creatividad".*

Posteriormente plasmamos algunos rasgos de lo más característico que hemos escrito durante la redacción del tema escogido. Realmente se trata de que destaquemos lo más trascendental de cada uno de los apartados de los descriptores del título, pero con información nueva, expresando que "a lo largo del tema hemos visto la importancia de..." o "hemos indicado en la redacción del tema los conceptos, clasificaciones, didáctica de...".

BIBLIOGRAFÍA COMÚN A TODOS LOS TEMAS

Hay quien diferencia **bibliografía** de **legislación**. Nosotros, al estar ambos documentos en formato papel, lo **unificamos**.

Evidentemente cada tema tiene una serie de volúmenes principales o monográficos de apoyo, pero también está muy claro que hay una serie de **libros generales de didáctica** que vienen muy bien tenerlos en cuenta para ponerlos en la mayoría de los temas. Son las publicaciones que habitualmente se manejan en las facultades de Magisterio. Los tribunales suelen valorar más ediciones de los **últimos años**, aunque siempre habrá libros "clásicos", sobre todo las **monografías** de conocidos autores y que son muy **específicas** de los **temas**. Por ejemplo, Delgado Noguera en temas relacionados con la metodología y organización; Blázquez con evaluación y con la iniciación deportiva; Rigal en motricidad, etc.

Algunos ejemplos de bibliografía **común**, es decir, libros que prácticamente en su totalidad tratan **todas** las **materias** de los veinticinco temas, son:

ADAME, Z. y GUTIÉRREZ DELGADO, M. (2009). *Educación Física y su Didáctica. Manual de Programación.* Fondo Editorial de la Fundación San Pablo Andalucía CEU. Sevilla.

ARRÁEZ, J. M.; LÓPEZ, J. M.; ORTIZ, Mª M. y TORRES, J. (1995). *Aspectos básicos de la Educación Física en Primaria. Manual para el Maestro.* Wanceulen. Sevilla.

BLÁZQUEZ, D.; CAPLLONCH, M.; GONZÁLEZ, C.; LLEIXÁ, T.; (2010). *Didáctica de la Educación Física. Formación del profesorado.* Graó. Barcelona.

CAÑIZARES, J. Mª y CARBONERO, C. (2009). *Currículum de Educación Física en Primaria para Andalucía.* Wanceulen. Sevilla.

CAÑIZARES, J. Mª y CARBONERO, C. (2009). *Currículum de Educación Física en Primaria.* Wanceulen. Sevilla.

CHINCHILLA, J. L. y ZAGALAZ, M. L. (2002). *Didáctica de la Educación Física.* CCS. Madrid.

CONTRERAS, O. R. y GARCÍA, L. M. (2011). *Didáctica de la Educación Física. Enseñanza de los contenidos desde el constructivismo.* Síntesis. Madrid.

CONTRERAS, O. y CUEVAS, R. (2011). *Las Competencias Básicas desde la Educación Física*. INDE, Barcelona.

FERNÁNDEZ GARCÍA, E. -coord.- (2002). *Didáctica de la Educación Física en la Educación Primaria*. Síntesis. Madrid.

FERNÁNDEZ GARCÍA, E. -coord.- CECCHINI, J. A. y ZAGALAZ, Mª L. (2002). *Didáctica de la educación física en la educación primaria*. Síntesis. Madrid.

GALERA, A. D. (2001). *Manual de didáctica de la educación física. Una perspectiva constructivista moderada*. Vol. I y II. Paidós. Barcelona.

GIL MORALES, P. (2001). *Metodología didáctica de las actividades físicas y deportivas*. Fundación Vipren. Cádiz.

SÁENZ-LÓPEZ, P. (2002). *La Educación Física y su Didáctica*. Wanceulen. Sevilla.

SÁNCHEZ BAÑUELOS, F. (1996) *Bases para una Didáctica de la Educación Física y los Deportes*. Gymnos. Madrid.

SÁNCHEZ BAÑUELOS, F. y FERNÁNDEZ, E. -coords.- (2003). *Didáctica de la Educación Física para Primaria*. Prentice Hall.

SÁNCHEZ GARRIDO, D. y CÓRDOBA, E. (2010). *Manual docente para la autoformación en competencias básicas*. C.E.J.A. Málaga.

VICIANA, J. (2002). *Planificar en Educación Física*. INDE. Barcelona.

VILLADA, P. y VIZUETE, M. (2002). *Los Fundamentos teóricos-didácticos de la Educación Física*. Secretaría General Técnica del M. E. C. D. Madrid.

VV. AA. (2008). *Colección de manuales de atención al alumnado con necesidades específicas de apoyo educativo*. (10 volúmenes). C. E. J. A. Sevilla.

ZAGALAZ, Mª L.; CACHÓN, J.; LARA, A. (2014). *Fundamentos de la programación de Educación Física en Primaria*. Síntesis. Madrid.

Esta relación, o parte de ella, no debe aparecer en exclusiva. Antes que nada debemos recordar que es muy conveniente **reseñar autores y año** de publicación **durante** la **redacción** de los diversos apartados o descriptores. Esto, obviamente, nos obliga a incluirlos en la bibliografía "específica" de cada tema. Por ejemplo, en los temas relacionados con la psicomotricidad (7 – 9 – 10 – 11) recomendamos citar a:

RIGAL, R. (2006). *Educación motriz y educación psicomotriz en Preescolar y Primaria*. INDE. Barcelona.

SASSANO, M. (2015). *El cuerpo como origen del tiempo y del espacio. Enfoques desde la Psicomotricidad*. Miño y Dávila editores. Buenos Aires.

TAMARIT, A. (2016). *Desarrollo cognitivo y motor*. Síntesis. Madrid.

Hay una serie de **documentos legislativos** "obligatorios" porque, entre otras cosas, los hemos debido referir en el examen escrito. Además, debemos reseñar otros **específicos** de los temas. Por ejemplo, si tratamos la "evaluación", debemos anotar la Orden de 4 de noviembre de 2015, por la que se establece la ordenación de la evaluación del proceso de aprendizaje del alumnado de educación Primaria en la Comunidad Autónoma de Andalucía.

La legislación general ya la hemos indicado en el apartado anterior sobre "Introducciones comunes", aunque referida a Andalucía. **Cada persona opositora debe adecuarla a la comunidad autónoma donde se presente.**

WEBGRAFÍA COMÚN A TODOS LOS TEMAS

Hoy día muchas de nuestras fuentes consultadas se encuentran en **Internet**, de ahí que debamos señalar algunas **webs fiables**. Nos inclinamos por revistas electrónicas de prestigio en la didáctica general y en la educación física en particular, así como a los portales de las propias **consejerías** de educación de la comunidades autónomas. Todas ofrecen recursos didácticos, experiencias... y legislación aplicada.

Algunos ejemplos, son:

http://www.agrega2.es
http://recursos.cnice.mec.es/edfisica/
http://www.ite.educacion.es/es/recursos
http://www.educarm.es/admin/recursosEducativos#nogo
www.juntadeandalucia.es/educacion/descargasrecursos/curriculo-primaria/index.html
http://www.gobiernodecanarias.org/educacion/webdgoie/
http://www.educarex.es/web/guest/apoyo-a-la-docencia
http://www.catedu.es/webcatedu/index.php/recursosdidacticos
http://www.adideandalucia.es

TEMA 9

HABILIDADES, DESTREZAS Y TAREAS MOTRICES. CONCEPTO, ANÁLISIS Y CLASIFICACIÓN. ACTIVIDADES PARA SU DESARROLLO.

ÍNDICE

INTRODUCCIÓN

1. HABILIDADES Y DESTREZAS MOTRICES. CONCEPTO, ANÁLISIS Y CLASIFICACIÓN.

    1.1. Habilidad y destreza motriz. Concepto.

    1.2. La habilidad motriz en el Diseño Curricular.

    1.3. Habilidad y destreza motriz. Análisis de las más frecuentes.

        1.3.1. Habilidades y destrezas básicas.

        1.3.2. Habilidades genéricas.

    1.4. Habilidad y destreza motriz. Clasificación.

2. - TAREAS MOTRICES. CONCEPTO, ANÁLISIS Y CLASIFICACIÓN.

    2.1. Tareas motrices. Concepto.

    2.2. Tareas motrices. Análisis y Clasificación.

3. ACTIVIDADES PARA SU DESARROLLO.

CONCLUSIONES

BIBLIOGRAFÍA

WEBGRAFÍA

INTRODUCCIÓN

Las habilidades y destrezas básicas son aquellos movimientos que se llevan a cabo de forma natural y que suponen la estructura cinética primaria que todo ser humano requiere como soporte de su vida, al margen de que siga o no realizando actividades físicas de forma metódica. Es, en suma, el repertorio básico de todas las acciones motrices, por muy complejas que sean.

La corriente "**Habilidades y Destrezas**" proviene de la americana "learning motor", (aprendiendo, practicando, lo motor), que trata de dotar al individuo de un gran acervo motor a partir del cual pueda, posteriormente, optimizar al máximo su potencial.

Si niños y niñas las practican eficazmente en los periodos críticos mejorarán su disponibilidad y competencia motriz, sobre todo cuando traten de aprender las habilidades específicas o deportivas. No olvidemos que la iniciación deportiva supone el comienzo del trabajo con las habilidades específicas, pero para ello debemos basarnos en un trabajo previo de las genéricas, básicas y perceptivo-motrices (Giménez, 2003).

Precisamente, las edades propias de la etapa Primaria resultan **concluyentes** para el desarrollo equitativo y óptimo de las áreas cognoscitiva, afectiva y motriz de la conducta humana, aunque también influyen las oportunidades que les demos para la práctica motriz en los tres tiempos pedagógicos.

En este sentido, el R.D. 126/2014, indica que *"la propuesta curricular de la Educación Física debe permitir organizar y secuenciar los aprendizajes que tiene que desarrollar el alumnado de Educación Física a lo largo de su paso por el sistema educativo, teniendo en cuenta su momento madurativo del alumnado, la lógica interna de las diversas situaciones motrices, y que hay elementos que afectan de manera transversal a todos los bloques como son las capacidades físicas y las coordinativas, los valores sociales e individuales y la educación para la salud"*.

Las **tareas** son las situaciones prácticas que planteamos al alumnado durante las sesiones de clases (Fernández García, -coord.- 2002). En muchas ocasiones el término "tarea" aparece ligado al de "habilidad", lo cual no es pertinente desde la perspectiva didáctica. La confusión viene dada porque las operaciones que configuran una tarea motriz son reducibles a movimientos observables -habilidades motrices- (Galera, 2001).

1. HABILIDADES Y DESTREZAS MOTRICES. CONCEPTO, ANÁLISIS Y CLASIFICACIÓN.

Durante nuestra vida aprendemos un sinfín de habilidades que nos permiten mejorar nuestra relación con el entorno. Por ejemplo, sentarnos, andar, cocinar, conducir, etc. (Riera, 2005).

En nuestro ámbito, habilidades y destrezas suelen ir unidos, como expresa Sánchez Bañuelos (1992). No obstante, dentro del confusionismo terminológico existente, el término **destreza**, en los últimos años, tiende a utilizarse en movimientos que implican manipulaciones (Serra, 1987, 1991 y 1994).

1.1. HABILIDAD Y DESTREZA MOTRIZ. CONCEPTO.

Sánchez (1992), especifica que las habilidades motrices son **conjuntos** organizados **jerárquicamente** y compuestos por módulos que se integran unos con otros. Estos son requisitos previos para lograr nuevas adquisiciones. Por ello, el aprendizaje de una nueva habilidad no se forma desde "la nada", sino a partir de adaptaciones, modificaciones y rectificaciones (tratamiento educativo del error) de otras ya adquiridas y que constituyen el repertorio motor del individuo que usará en el juego habitual, sobre todo en su tiempo de ocio. Por lo tanto, la **transferencia** positiva de aprendizajes de habilidades previas, su **jerarquía** y el **constructivismo** son tres de sus principales características.

En cuanto a las definiciones, recogemos lo expresado por los autores más reconocidos:

- **Bárbara Knapp** (1981). *"Es la capacidad, adquirida por aprendizaje, de producir unos resultados previstos con el máximo de certeza y con el mínimo dispendio de tiempo, de energía o ambas cosas".*
- **Simonet** (1985). *"La noción de habilidad motriz (motor skill) recoge en su sentido estricto la idea de maestría en la realización de una tarea, es decir, adquisición de cierto grado de eficacia".*
- **R. Singer** (1986). *"Habilidad es la eficacia en una tarea o conjunto de ellas".*
- **Serra** (1987, 1991 y 1994). Se basa en autores como Guthrie, Cratty, Knapp, Mc Clenaghan, Lawther y Gallahue, entre otros. Determina que *"habilidad motriz es la maestría en la realización de una tarea que requiera movimiento y que es preciso hacerla con eficiencia, con intención, con un objetivo concreto, en poco tiempo, y utilizando la mínima energía posible".* Es el cuerpo sólo, sin móvil y realizando un gesto técnicamente bueno, por ejemplo saltar adelante con dos pies juntos. En cambio, *"destreza motriz es un término que significa manipulación de un móvil: pelota, soga, aro, etc.".* Por ejemplo, lanzar una pelota con una mano por encima del hombro.
- **Gil Madrona** (2003). La entiende como *"la facilidad y la precisión que se necesita para la ejecución de diversos actos".*
- **Riera** (2005). *"Tarea motriz realizada por alguien con eficacia. No obstante, cuando se hace la relación con el entorno es global y no únicamente motriz".*

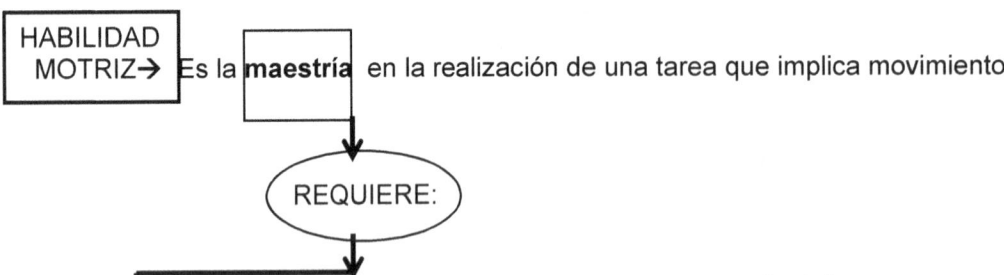

HABILIDAD MOTRIZ → Es la **maestría** en la realización de una tarea que implica movimiento

REQUIERE:
- Tener un objetivo concreto: hacer exactamente "esto".
- Hacer bien el gesto
- Desde el punto de vista técnico y biomecánico, excelente
- Realizada con presteza
- Sin malgasto de energía
- El aprendizaje de la habilidad motriz sigue una línea constructivista, porque la aprendida anteriormente se transfiere a la nueva.

Gutiérrez (2004), citando a diversos autores, indica una serie de **características** que debe incluir cualquier definición de habilidad motriz:

- **Finalista**, por lo que tratan de conseguir un objetivo.

- **Organizadas**, con unas estructuras jerárquicas, de menos a más complejidad.
- **Competencia**, aprendidas para dar solución a un problema motor.
- **Eficiencia**, poco gasto energético y gran precisión.
- **Flexibilidad** y **adaptabilidad**, no debemos ser rígidos a la hora de la respuesta motriz.

Por otro lado, **Coordinación y Equilibrio** están íntimamente ligados a las habilidades motrices, debido a que son *"aptitudes funcionales o capacidades"* que facilitan el aprendizaje de nuevas habilidades (Riera, 2005).

1.2. LA HABILIDAD MOTRIZ EN EL DISEÑO CURRICULAR.

En Andalucía, la O. de 17/03/2015 nos indica que *"la Educación física permite al alumnado indagar en sus habilidades y destrezas motrices y las lleva a la práctica en situaciones de enseñanza/aprendizaje variadas. Las experiencias individuales y colectivas permiten adaptar las respuestas a los diferentes contextos, de esta forma atiende a las dimensiones de la personalidad: sensorial, cognitiva, afectiva, comunicativa, estética, de la salud, moral, social y creativa. Este área es un verdadero motor de formación integral y permanente, ya que a partir de propuestas de tareas competenciales dinámicas y variadas servirá para instrumentalizar en otras áreas actitudes que ayuden a afrontar los retos que en ellas se destilen, sobrepasando su plano motriz inicial. La actividad física tiene un valor educativo muy importante, tanto por las posibilidades de exploración que propicia como por las relaciones lógicas que el sujeto establece en las interacciones con los objetos, el medio, los otros y consigo mismo. Así, por ejemplo, los alumnos y alumnas construyen sus primeras nociones topológicas, temporales, espaciales o de resolución de problemas en actividades que emprende con otros en diferentes situaciones motrices".*

Ahora relacionamos los elementos curriculares:

a) **Competencias clave**. Está relacionado con las **competencias sociales y cívicas**. Las actividades dirigidas a la adquisición de las habilidades motrices requieren la capacidad de asumir las diferencias así como las posibilidades y las limitaciones propias y ajenas. El cumplimiento de las normas que rigen los juegos colabora con la aceptación de códigos de conducta para la convivencia.
El **sentido de iniciativa y espíritu emprendedor** en la medida en que emplaza al alumnado a tomar decisiones con progresiva autonomía en situaciones en las que debe manifestar auto superación, perseverancia y actitud positiva. También lo hace, si se le da protagonismo al alumnado en aspectos de organización individual y colectiva de las actividades físicas, deportivas y expresivas.
Competencia digital en la medida en que los medios informáticos y audiovisuales ofrecen recursos cada vez más actuales para analizar y presentar infinidad de datos que pueden ser extraídos de las actividades físicas, deportivas, competiciones, etc. El uso de herramientas digitales que permitan la grabación y edición de eventos (fotografías, vídeos, etc.) suponen recursos para el estudio de distintas acciones llevadas a cabo.
Competencia matemática y competencias básicas en ciencia y tecnología. Un buen nivel coordinativo y perceptivo dará lugar a una mayor facilidad en el dominio de las relaciones espaciales, cuantificación y cálculos, magnitudes, comprensión de la perspectiva, lectura de mapas, escenas tridimensionales, formas geométricas, etc.

b) **Objetivos de Etapa**. La habilidad está relacionada con el objetivo "k": "valorar la higiene y la salud, aceptar el propio cuerpo y el de los otros, respetar las diferencias y utilizar la educación física y el deporte como medios para favorecer el desarrollo personal y social", habida cuenta la habilidad motriz está presente en las prácticas de juegos que nos llevan a aceptar el propio cuerpo y el de los demás y su uso para el desarrollo personal y social.

- **Objetivos de Área**. Algunos tienen **relación** directa con las capacidades coordinativas. Por ejemplo, el "1", que trata sobre el conocimiento del propio cuerpo y disfrutar de sus capacidades motrices; el "2", sobre el uso de habilidades motrices y la adaptación del movimiento.
- **Contenidos**. Este tema está relacionado con el primer bloque de **contenidos**, "El cuerpo y sus habilidades perceptivo motrices" porque este tema trata del desarrollo de los contenidos básicos de la etapa que servirán para posteriores aprendizajes más complejos, donde seguir desarrollando una amplia competencia motriz.
- **Criterios de evaluación**. También algunos criterios y estándares de aprendizaje hacen referencia a coordinación y equilibrio. Por ejemplo, el 1: "Resolver situaciones motrices con diversidad de estímulos y condicionantes espacio-temporales, seleccionando y combinando las habilidades motrices básicas y adaptándolas a las condiciones establecidas de forma eficaz.
- **Estándares de aprendizaje**. Ponemos algunos ejemplos:
    1.1. Adapta los desplazamientos a diferentes tipos de entornos y de actividades físico deportivas y artístico expresivas ajustando su realización a los parámetros espacio-temporales y manteniendo el equilibrio postural.
    1.2. Adapta la habilidad motriz básica de salto a diferentes tipos de entornos y de actividades físico deportivas y artístico expresivas, ajustando su realización a los parámetros espacio-temporales y manteniendo el equilibrio postural.
    1.3. Adapta las habilidades motrices básicas de manipulación de objetos (lanzamiento, recepción, golpeo, etc.) a diferentes tipos de entornos y de actividades físico deportivas y artístico expresivas aplicando correctamente los gestos y utilizando los segmentos dominantes y no dominantes.
    1.4. Aplica las habilidades motrices de giro a diferentes tipos de entornos y de actividades físico deportivas y artístico expresivas teniendo en cuenta los tres ejes corporales y los dos sentidos, y ajustando su realización a los parámetros espacio temporales.
    1.5. Mantiene el equilibrio en diferentes posiciones y superficies.

Por otro lado, el R.D. 126/2014, indica que uno de los elementos curriculares de la Educación Física pasa por la creación de "cinco tipos de situaciones motrices". Una de ellas está muy relacionada con la habilidad motriz, como son las "acciones motrices individuales en entornos estables".

1.3. HABILIDAD Y DESTREZA MOTRIZ. ANÁLISIS DE LAS MÁS FRECUENTES.

Para tratar este apartado y el siguiente resumimos a Wikstrom (1990), Trigueros y Rivera (1991), Sánchez Bañuelos (1992), Arráez y otros, (1995), Cañizares, (1999), Díaz Lucea (1999), Batalla (2000), Ruiz Pérez (2000), Cepero (2000), Conde y Viciana (2001), Ruiz Pérez -coor- (2001), Fernández García -coor- (2002), Gil Madrona (2003), Sánchez Bañuelos y Fernández García -coords.- (2003), Hernández y Velázquez (2004), Gutiérrez (2004), Velázquez y Martínez, (2005), Oña (2005), Rigal (2006), Bueno, Del Valle y De la Vega (2011) y Zagalaz, Cachón y Lara, (2014).

Nos referimos ahora a los conjuntos de habilidades y destrezas básicas y genéricas, habida cuenta que las perceptivo motrices se tratan en los temas 10 y 11 y las específicas o deportivas en el Tema 14. (Consultar las clasificaciones en el punto 1.3).

1.3.1. HABILIDADES Y DESTREZAS BÁSICAS.

Son gestos primarios con cierta independencia y de su combinación surgen otros más complejos de rango superior (habilidades genéricas y específicas). Suele decirse que es el "alfabeto de la motricidad humana". Se basan en las perceptivo-motrices, es decir, conocimiento del propio cuerpo/espacio/tiempo. Ahora vemos los cuatro **grupos** clasificatorios.

a) **Los desplazamientos**

Los desplazamientos son toda progresión de un punto a otro del entorno que utilice como medio único el movimiento corporal, total o parcial. Diferenciamos a:

a.1) Los **habituales**: Marcha y carrera adelante.

a.2) Los **no habituales**: El resto de los desplazamientos.

Si los **analizamos** vemos que se **caracterizan** por:

- La puesta en acción: comienzo del movimiento.
- El ritmo de ejecución: realización del desplazamiento a la velocidad adecuada.
- Los cambios de dirección: seguir con eficacia una trayectoria no rectilínea.
- Las paradas: la detención del desplazamiento una vez cumplido el objetivo.
- La riqueza de sus modalidades.
- Sus **objetivos** están relacionados con llegar a un destino antes, en un determinado momento, etc. También con evitar y escapar de los demás o interceptar a otros o a objetos.

En cuanto a las **cualidades** requeridas, hay dos fundamentales: la coordinación y el equilibrio desde un punto de vista motor. Además están presentes los factores de ejecución de velocidad, potencia y flexibilidad, dependiendo del desplazamiento que practiquemos.

Ahora **analizamos** estos dos grupos, resaltando sus **características** más significativas.

a.1) Desplazamientos habituales

- La marcha. Producida por apoyos sucesivos y alternativos de los miembros inferiores sobre el suelo, sin que exista fase aérea entre ellos.
- *La carrera.* Desplazamiento producido por una sucesión alternativa de apoyos de los pies sobre la superficie de desplazamiento. Entre ambos existe

una fase aérea.

a.2) Desplazamientos no habituales

- Gateo, cuadrupedia y tripedia. Desplazamientos producidos por más de dos puntos de apoyo. Mejoran mucho la tonicidad de los músculos dorsales.
- Reptaciones. Aquel desplazamiento en el que, utilizando como medio de propulsión los miembros superiores, los inferiores o todos a la vez, se mantiene un contacto total o parcial del tronco con la superficie de contacto.
- Trepas. Desplazamientos producidos por apoyos sucesivos, mediante los cuales el sujeto deja de estar en contacto con el suelo. Es habitual observarlo en las estructuras metálicas de parques comunales y escolares.
- Propulsiones. Desplazamientos producidos en el medio acuático. También se denominan así los desplazamientos que se realizan en silla de ruedas.
- Deslizamientos. Desplazamientos originados por una fuerza inicial del sujeto que se ve favorecido, con posterioridad, por la falta de rozamiento de la superficie sobre la que se desarrolla (pavimento liso, agua, nieve, hielo, etc.)

b) **Los saltos.**

Son movimientos súbitos producidos por la acción de uno o ambos miembros inferiores. El cuerpo del sujeto se aleja de la superficie de apoyo y posteriormente cae tras "volar". Si los **analizamos** vemos que se **caracterizan** por:

- En su ejecución se distinguen las fases: previa, impulso, vuelo y caída.
- Su diversidad: con o sin carrera previa, uso de una o dos piernas de batida, variación en las direcciones, etc. También saltos con superación o no de obstáculos: en altura, longitud y combinados.
- Los diversos tipos de **objetivos** que plantean: ganar distancia o altura, superar un obstáculo, alcanzar un objeto fuera del alcance directo, lanzar un móvil por encima de una barrera o mantener un esquema rítmico mediante saltos sucesivos.
- En cuanto a las **cualidades** requeridas, observamos a las de tipo **cuantitativo**: fuerza rápida (potencia) y velocidad gestual de diferentes segmentos corporales. Las **cualitativas**, son: equilibrio dinámico (reequilibrio); coordinación dinámica general y estructuración espacio temporal.

c) **Los giros.**

Son movimientos que comportan una rotación alrededor de cualquiera de los tres ejes que conforman el espacio euclidiano: vertical, antero-posterior y transversal. Si los **analizamos** vemos que se **caracterizan** por:

- Los movimientos alrededor del eje vertical producen rotaciones longitudinales: 90°, 180°, etc.; alrededor del eje antero-posterior generan giros laterales, como rondadas y ruedas laterales y alrededor del eje transversal originan volteos hacia delante y atrás.
- Tienen como objetivo permitir la orientación y situarse para conseguir una postura o acción determinada.
- Requieren las capacidades de coordinación dinámica general y

equilibrio, así como flexibilidad.

- A nivel sensorial, dependen de la sensibilidad laberíntica, por lo que pueden producir mareos.
- La ejecución de diferentes giros educa el esquema corporal y la toma de conciencia del propio cuerpo, al ser éstos realizados en tres planos, con sus combinaciones, y al variar la base de sustentación o suspensión.
- En función del momento de arranque, los giros se pueden realizar desde la posición vertical normal, invertida, horizontal e inclinada. Teniendo en cuenta los apoyos, pueden ejecutarse en contacto constante con el suelo, con agarre constante de manos (balanceos en barra), en suspensión y con apoyos múltiples y sucesivos. Además, la dirección de giro tiene un sentido que puede ser adelante, atrás, derecha e izquierda.

d) Las Destrezas: manipulaciones (lanzamientos y recepciones).

Son acciones efectuadas con los miembros superiores e inferiores y, ocasionalmente, con el resto del cuerpo. Si las analizamos, vemos que se **caracterizan** por:

- Requerir las capacidades de estructuración espacio-temporal, coordinación dinámica-general, óculo-segmentaria y lateralidad. En algunos casos, el individuo debe anticipar la trayectoria y la velocidad para que el móvil alcance su destino o colocarse en el sitio donde va a llegar aquél.
- Su relación con el aprendizaje de la lateralidad. Podemos distinguir lanzamientos bilaterales, laterales o de predominio lateral, además de con o sin impulso previo.

- **Lanzamientos.** Son manipulaciones en las cuales el sujeto arroja un móvil con una o dos manos o pies. Es la unión entre el campo visual y la motricidad del miembro que actúa. Su **objetivo** es incidir sobre el entorno a través del impacto con un objeto móvil.

Se **caracterizan** por sus cuatro **fases**:

- **Armado o Preparación.** Poner el móvil en el sitio deseado para iniciar la acción.
- **Desarrollo o Impulsión.** La ejecución de la trayectoria segmentaria que produce el lanzamiento. De ella depende la dirección, velocidad, ángulo de salida, etc.
- **Desprendimiento.** Es la pérdida del contacto con el objeto, con lo que se consuma el lanzamiento. Traspasar la fuerza acumulada en la fase anterior al móvil, provocando la salida de éste en las mejores condiciones posibles.
- **Final.** Absorber toda la energía liberada durante el lanzamiento y favorecer el reequilibrio del cuerpo.

- *Recepciones.* **Manipulaciones consistentes en recoger uno o más objetos, tanto si se encuentran en movimiento como estáticos (recogidas).** *Su* **objetivo** *es tomarlo para su uso posterior. Distinguimos* *cuatro fases:*

- Colocación en el sitio preciso según la trayectoria y velocidad del móvil.
- El contacto con el objeto.
- La amortiguación, para que no se escape el móvil.
- La preparación para acciones siguientes.

1.3.2. HABILIDADES GENÉRICAS.

Cañizares y Carbonero (2007), citando a Serra (1987, 1991), las definen como "*la combinación de dos o más básicas y son el siguiente escalón en cuanto a complejidad en la evolución y desarrollo de las habilidades motrices*". Son acciones intermedias entre las básicas y específicas, por lo que son la base de las primeras y la base de las últimas Zagalaz, Cachón y Lara, (2014). No obstante es el profesor Serra quien las enuncia, basándose en los estudios de la U. Católica de Lovaina. Si las analizamos vemos que se **caracterizan** por:

- En sus prácticas hay ciertas reglas y estrategias, aunque muy generales, como ocurre en los juegos pre-deportivos.
- Es una ampliación de la motricidad de base con respuestas más enriquecedoras y complejas, que combinan varias básicas.
- Requieren un mayor grado madurativo.
- Son habilidades comunes a los deportes, aunque sin la técnica de éstos.

Serra (1987, 1991 y 1994) indica dos grandes grupos **clasificatorios**:

H. GENÉRICAS (**con** uso de móviles).	Botes, Golpeos, Pases, Tiros, Desvíos, Impactos, Conducciones, etc.
H. GENÉRICAS (**sin** uso de móviles.)	Marcajes, Desmarques, Bloqueos, Pantallas, Pivotes, Fintas, etc.

Nos centramos en el análisis de las más **comunes**:

- **Pases.** Es desprenderse de un móvil con la finalidad de hacerlo llegar a otro sujeto. Se caracterizan por el cálculo de distancias y trayectorias y la implicación de la coordinación óculo-segmentaria.
- **Conducciones.** Son manipulaciones producidas por un sujeto dirigiendo sucesivamente un objeto móvil (pelota por ejemplo), con la finalidad de desplazarlo por el espacio, utilizando la acción directa de algún segmento corporal o, indirectamente, mediante el uso de algún implemento. Se diferencia de los golpeos en que no se pierde el control del móvil. Las conducciones con los miembros superiores suelen realizarse con el empleo de un instrumento (stick, etc.). Es muy común en deportes tales como fútbol y hockey.

- **Impactos**. Serra (1987, 1991 y 1994), indica que son manipulaciones de un móvil con la ayuda de un instrumento (bate, raqueta, etc.) para impulsarlo o cambiar su trayectoria anterior. Puede ser sobre un móvil estático o en movimiento y el alumno puede estar estático o dinámico y variar el instrumento empleado. Otros autores asimilan los impactos a los golpeos.

- **Golpeos**. Serra (1987, 1991 y 1994), señala que es una habilidad por la que se tiene un encuentro violento y a veces repentino con un objeto. Se diferencia del impacto en que no existe instrumento. Se suceden tres fases durante la realización de la habilidad: preparación y ajuste, contacto y acompañamiento.

- **Botes**. Se fundamentan en el impulso que experimentan los móviles elásticos al chocar contra una superficie rígida. Como habilidad genérica surge de la unión de las destrezas básicas de lanzar y recepcionar en situación estática. Cuando es dinámica, se añade un desplazamiento. Se realiza a través de dos fases:

    - Impulso. Lanzamiento del móvil a la superficie dura, con la mano, para que rebote y vuelva a ella.

    - Contacto. Recepción sin aprehensión. El móvil y la mano están un tiempo mínimo en contacto para imprimir un nuevo impulso.

- **Finta**. Es un gesto de engaño al oponente para situarse en posición ventajosa. Suele haber cambio de ritmo y dirección. Se basan en los desplazamientos y sus posibilidades espaciales y temporales. Cuando se producen con un móvil se denominan regate, pivote, dribling, etc. En su **análisis** vemos que hay tres fases: parada, engaño y superación.

- **Paradas**. Se basan en las recepciones, pero sin que exista captura. Las paradas se realizan con los miembros superiores utilizando instrumentos -stick- o con las manos sin retener el móvil -portero de fútbol-. También con los miembros inferiores, básicamente el pie (fútbol). Consta de las mismas fases que las recepciones, pero sin que exista detención del móvil.

- **Interceptaciones**. Es el gesto de desviar la trayectoria de un móvil antes de que llegue al destino que tenía previsto. Aunque se puede realizar con cualquier parte del cuerpo, los segmentos más indicados son las manos y los pies. Una variante de las interceptaciones son los desvíos: golpeo o impacto sobre un móvil en movimiento, sin precisar su lugar de destino. Se producen siempre sobre móviles y son propios de los porteros de los deportes de equipo.

Otras:

Pantalla, bloqueo, marcaje y desmarcaje, tiro, pivote, etc.

1.4. HABILIDAD Y DESTREZA MOTRIZ. CLASIFICACIÓN.

Las clasificaciones de las habilidades cumplen un objetivo claro de **ordenamiento** (Singer, 1986). Tradicionalmente han sido prolijas y dispersas, dependiendo de la perspectiva o del autor (Oña, 2005). Por ejemplo, la participación corporal, la duración del movimiento, las condiciones del ambiente, el nivel de control que el sujeto ejerce sobre la tarea, la participación del S.N.C., etc. Para facilitar su estudio y de la misma manera que hemos procedido en otros temas, las resumimos en una tabla "flash" con palabras "claves".

CLASIFICACIÓN DE LAS HABILIDADES Y DESTREZAS.	
AUTORES	PALABRAS-CLAVE
POULTON	Grado de control del individuo sobre el ambiente: cerradas y abiertas
FITTS Y POSNER	Por su origen: adquiridas o innatas
FITTS, POSNER Y OTROS	Por la organización temporal: discretas, seriadas y continuas
FITTS	Por el sistema sujeto-tarea antes de la acción: si están parados o en movimiento
KNAPP	Por el grado de participación cognitiva: habituales y perceptivas
CRATTY	Grado de participación corporal: globales y finas
SINGER	Por el control del sujeto sobre la habilidad: regulación externa, auto y mixta
RIERA	En función de las relaciones de oposición-colaboración.
SÁNCHEZ BAÑUELOS	Según su jerarquía: perceptivas, básicas y específicas
SERRA	Cada edad se corresponde con una habilidad: perceptivas, básicas, genéricas, específicas y especializadas.
BATALLA	Distingue las motrices básicas y las específicas o deportivas.
RIERA	Relación persona-entorno: básicas, técnicas, tácticas, estratégicas, interpretativas

a) POULTON, (1957)

Atiende al grado de **control** del movimiento que el individuo tiene sobre el ambiente.

- **Habilidades cerradas**. Caracterizadas por la estabilidad del medio y por una misma información. Por ejemplo, salto de altura, salida de velocidad.
- **Habilidades abiertas**. Hay muchos estímulos y fluctuación permanente de las condiciones ambientales. Por ejemplo, judo, bádminton, esquí, etc.

b) FITTS Y POSNER, (1967)

Las clasifican según su **origen**.

- **Habilidades adquiridas** por el aprendizaje. Por ejemplo, jugar a rugby.
- **Habilidades innatas**, patrones básicos de la estructura genética. Por ejemplo, saltar.

c) FITTS Y POSNER Y OTROS, (1968)

Según la forma de **organización temporal** o su **fluidez**.

- **Habilidades discretas**. Tienen un principio, un desarrollo y un final rápido y muy marcado. Se conoce el principio y el final y no tienen posibilidad de cambio, aunque lo que varía es la rapidez en su ejecución. Entre una realización y la siguiente existe un espacio de tiempo. Por ejemplo, lanzamiento de dardos, tiro de personal, etc.

- **Habilidades seriadas**. Son cíclicas, repiten la secuencia del movimiento y el individuo sólo puede incidir en la velocidad. Por ejemplo, nadar o carrera de 110 m. vallas.

- **Habilidades continuas**. No se repiten, no hay ciclo y son fluidas porque sus intervalos apenas si son perceptibles, siendo muy difícil averiguar el principio y el final de cada ciclo. Pueden alargarse, pero no de forma cíclica, sino variando el ritmo o la dirección. Por ejemplo, deslizarse por una pista de esquí, conducir un balón en fútbol, etc.

d) FITTS, (1975)

Estudia la relación entre "**sujeto-tarea**" antes de realizar la acción:

- Sujeto y objeto inicialmente **estacionarios**: coger un objeto del suelo desde la posición de pie.
- Sujeto quieto y objeto en **movimiento**: recibir un pase desde una posición estática.
- Sujeto en movimiento y objeto **estacionario**: dar un pase en carrera a un compañero que está parado.
- Sujeto y objeto en **movimiento**: dar un pase en carrera a un compañero que se encuentra corriendo.

e) B. KNAPP, (1981)

Las clasifica según las condiciones o **estabilidad** del entorno.

- **Habilidades habituales**. Las condiciones del entorno son siempre las mismas, por lo que no tienen problemas de percepción fluctuante. Por ejemplo, el salto del potro, nadar, etc.
- **Habilidades perceptivas**. El sujeto necesita acomodar la tarea para realizar la habilidad debido a los cambios que se producen en el entorno. Por ejemplo, tenis, voley, etc.

f) CRATTY, (1982)

Las clasifica según su grado de **participación corporal** y grado de **precisión** o número de grupos musculares implicados.

- **Habilidades Globales**. Implican a todo el cuerpo y esfuerzo físico. Por ejemplo, nadar.
- **Habilidades Finas**. Involucran pocos segmentos y manipulaciones de objetos. Gran esfuerzo motor, precisión. Por ejemplo, lanzamiento de dardos, malabares, etc.

g) SINGER, (1986)

Las clasifica según el **control** del sujeto sobre la habilidad. Sintetiza las de Knapp y Poulton:

- **Habilidades** donde la tarea necesita de **regulación externa**. Están en función de los estímulos cambiantes. Similares a las abiertas. Por ejemplo, saltos al ritmo que marca el docente.
- **Habilidades** donde las tareas se **autorregulan**. Son habituales y similares a las cerradas. Por ejemplo, correr libremente.

- **Habilidades** donde la tarea necesita una **regulación mixta**. Hay varias ordenaciones según el grado de control del sujeto sobre la acción. Por ejemplo, deslizarse por una pista de esquí.

h) **RIERA, (1989)**

Las clasifica en función de las relaciones de **oposición-colaboración**. En ciertas habilidades deportivas se dan diferentes relaciones entre el jugador, sus compañeros y los oponentes:

- **Sin oposición ni colaboración**. En deportes individuales como natación, esquí, etc.
- **Con colaboración y sin oposición**. La relación se establece con los compañeros, por ejemplo, pasarse el testigo en relevos, etc.
- **Con oposición y sin colaboración**. En los deportes de adversarios y en muchas situaciones de los deportes de equipo, como evitar una proyección de judo.
- **Con oposición y con colaboración**. Cuando se dan todas las relaciones posibles dentro de este criterio. Driblar a un oponente con el apoyo del compañero que hace el bloqueo en baloncesto, hacer una pared en fútbol, etc.

i) **SÁNCHEZ BAÑUELOS, (1992)**

Las clasifica según su **jerarquía** en:

- **Habilidades perceptivas**: Percepción de uno mismo, espacio y tiempo.
- **Habilidades y destrezas básicas**: Desplazamientos, saltos, giros, lanzamientos y recepciones.
- **Habilidades específicas**: Los movimientos especiales de los deportes.

k) **SERRA, (1987, 1991 y 1994) y ZAGALAZ, CACHÓN Y LARA, (2014).**

Las clasifica basándose en los estudios de Gallahue (1985) sobre la "integración de las acciones", es decir, hay un tiempo (edad) en el que se producen habilidades diferentes.

- **Habilidades Perceptivas**. La percepción como base de todo movimiento: corporal, espacial y temporal. (Hasta 6 años).
- **Habilidades y Destrezas Básicas**. Movimientos fundamentales formados por: Desplazamientos, saltos, giros, lanzamientos y recepciones. (De 6 a 9 años).
- **Habilidades Genéricas**. Gestos comunes a muchos deportes y compuestos de varias habilidades básicas: fintas, botes, marcajes, etc. (9 y 11 años).
- **Habilidades Específicas**. Las deportivas, los elementos técnicos de un deporte reglamentado: tiro a canasta, reverso, remate de fútbol, etc. (A partir de los 11 años).
- **Habilidades Especializadas**. A partir de los 14-15 años y, obviamente, no se aplican en Primaria. Son aspectos concretos de las específicas y surgen con la aparición de jugadores especialistas en determinadas acciones del

juego. Por ejemplo, el juego del portero de balonmano, el del rematador de voleibol, etc.

I) **BATALLA, (2000)**

Distingue, en su estudio clasificatorio, a las de base y deportivas:

- **Habilidades Motrices Básicas**. Desplazamientos habituales (marchas y carreras) y no habituales (activos y pasivos). Saltos, giros y manejo y control de objetos (con todas las zonas corporales).
- **Habilidades Específicas**. Las correspondientes a los deportes.

II) **RIERA, (2005)**

Resalta en su amplio estudio clasificatorio una serie de habilidades para el **alumnado**, destacando su **relación global con el entorno** y no únicamente la motriz:

- **H. Básicas**. Las referidas a los objetivos de equilibrarse, trepar, nadar, estirar, etc.
- **H. Técnicas**. Las que tienen como objetivo chutar, lanzar, seguir un ritmo, etc.
- **H. Tácticas**. Persiguen simular, ayudar, sorprender, pasar, etc.
- **H. Estratégicas**. Pretenden seguir pautas, cumplir normas, etc.
- **H. Interpretativas**. Relacionadas con el análisis del movimiento, valoración de esfuerzos, entre otras.

2. TAREAS MOTRICES. CONCEPTO, ANÁLISIS Y CLASIFICACIÓN.

Para Ruiz Pérez (1995), el término "tarea" es habitual en el contexto de la Educación Física. Otros lo **asimilan** al de "habilidad", sobre todo algunos traductores de autores extranjeros.

Chinchilla y Zagalaz (2002), por ejemplo, diferencian "*tarea*", o actividad aislada de una clase, de la "*macrotarea*", que es el sumatorio de todas las tareas presentes en una sesión, con contenidos similares que buscan conseguir un objetivo didáctico.

2.1. TAREAS MOTRICES. CONCEPTO.

En la literatura especializada existe cierta confusión con los términos habilidad-tarea, sus clasificaciones, etc. Cañizares y Carbonero (2007), citando a Serra, (1987, 1991 y 1994) y a Garrote y otros (2003), indican que "*Tarea Motriz es aquello que se va a realizar, el planteamiento: << tienes que hacer esto...>>*". "*Actividad Motriz es lo que se realiza, los movimientos y acciones lúdicas que hace el alumnado*". Es decir, "*las tareas motrices de aprendizaje son propuestas que hace el profesor entorno a un contenido*".

La **secuencia** que hace un docente, es:

| PROGRAMAR UNA HABILIDAD | → | DISEÑAR UNA TAREA PARA LOGRAR UNA HABILIDAD MOTRIZ | → | EL ALUMNADO HACE LA ACTIVIDAD MOTRIZ |

2.2. TAREAS MOTRICES. ANÁLISIS Y CLASIFICACIÓN.

El análisis establece procedimientos para **identificar** las características específicas de la tarea que deseemos aplicar, manipulando y controlando sus elementos o componentes (Fernández -coord- 2002).

Blázquez (1986), indica que diseñar una tarea **implica** preparar el medio, los recursos a utilizar, los recorridos, etc., además de dar más o menos instrucciones en cuanto a la forma de ejecutarla, los recursos a utilizar, etc. Por ejemplo, para un salto de longitud tendremos en cuenta el tipo de pavimento, las señales a poner, la carrera de aproximación, la última zancada, la batida/vuelo/caída, etc.

Por su parte Galera (2001), citando a Ruiz Pérez (1995), siguiendo la línea de Blázquez (1986), indica tres características didácticas de las tareas:

- **Finalidad**. Tiene la intención de alcanzar un objetivo concreto.
- **Obligatoriedad**. El practicante debe hacerla para aprender una habilidad.
- **Organización**. Debemos presentarla con orden, método y recursos adecuados.

Las Tareas Motrices tienen dos tipos de **exigencias**, las relacionadas con los elementos **perceptivos y coordinativos/equilibradores** por un lado, y las de índole **física** por otro. Ahora bien, no podemos olvidarnos de las de orden **socio afectivo**.

En cuanto a su **clasificación**, se han realizado varios intentos basándose los autores en diversos criterios o perspectivas. Creemos más oportuno estudiarlas siguiendo **dos** modelos **clasificatorios** con su correspondiente **análisis**. Primero veremos el de Famose (1992), del INSEP de París y después el de Sánchez-Bañuelos (1992), del INEF de Castilla-La Mancha.

- **Modelo de Famose (1992)**.

Determina el análisis basándose en **dos** nociones: **Naturaleza** y **Complejidad**

a) **Naturaleza** hace referencia al tipo y nivel de recursos o **fuentes** que son necesarios para realizarlas. Siguiendo esta noción las agrupa en tres categorías:

- o Bio-informacionales: tareas basadas en las percepciones.
- o Bio-energéticas: tareas donde la condición física es importante.
- o Afectivas: expresión, acciones grupales, cooperativas, socio-afectivas, etc.

b) **Complejidad**, que está vinculada a la mayor o menor claridad con que los "elementos" de la tarea motriz son presentados al alumnado, es decir, la **cantidad de información** que le damos al practicante. Estos elementos son:

- o Objetivos a conseguir.
- o Criterios de éxito.
- o Consignas sobre la disposición y utilización del material.

- Consignas sobre las modalidades de acción a realizar en las actividades.

Para Famose, si no están presentes estos elementos no hay tarea y en base a la forma en que se organizan surge el término "*Arquitectura de la Tarea Motriz*", que es la estructura **interna** que presentan sus elementos. Partiendo de esta idea ofrece una forma de análisis atendiendo a la mayor o menor **complejidad**, que puede alcanzar cada uno de los elementos de la estructura interna de la tarea y en función de la incertidumbre con que es presentada al alumno. A partir de aquí agrupa las tareas en **tres** categorías (Fernández -coord- 2002):

- **Tarea motriz definida**: cuando el objetivo a conseguir, la disposición del material, los criterios de éxito y modalidades de trabajo están perfectamente claras. Relacionadas con la instrucción directa.
- **Tarea motriz semidefinida**: cuando uno de los elementos no está especificado con total claridad. Son propias del descubrimiento guiado.
- **Tarea motriz no definida**: cuando no se especifica con claridad los criterios de actuación con relación a cada uno de los elementos de la estructura interna de la tarea, animando al alumnado a actuar sobre los objetos. Propia de una metodología exploratoria.

- **Modelo de Sánchez Bañuelos (1992).**

Este autor determina la necesidad de un análisis de las tareas según la complejidad de los diversos **mecanismos** implicados en su realización, siempre fundamentado en los modelos de Procesamiento de la Información. Eso le lleva a clasificar las tareas en **tres** grandes grupos:

a) **Tareas con dificultad en la percepción**.
Implican la codificación de una multitud de estímulos de tipo sensorial, por ejemplo espacio, tiempo, trayectorias, etc.; relacionar esta información con otra ya existente y almacenada en la memoria para que el individuo extraiga un significado útil de la misma en un contexto espacio temporal. Por ejemplo, recorrido de un circuito con carreras en zig-zag, saltos, etc.

b) **Tareas con dificultad de decisión o cognitiva**.
El mecanismo de decisión es la forma de resolver rápida y eficientemente la respuesta motriz más correcta en la tarea propuesta. Por ejemplo, en los juegos pre-deportivos y deportivos, entre otros, cada individuo tiene que procesar numerosas informaciones espaciales y temporales continuamente para dar la respuesta inmediata y adecuada a cada situación. Por ejemplo, en el juego popular de los "10 pases": ¿quién está mejor posicionado para pasarle la pelota?

c) **Tareas con dificultad en la ejecución y control**.
Este tipo de tareas dependen de la coordinación neuromuscular y de la condición física, así como del control del movimiento que posea el individuo. Por ejemplo, salto del caballo.

Podemos afirmar que todas las tareas tienen cierta dosis de exigencia sobre **los tres mecanismos** de la cadena sensorio-motriz, aunque incidirán más en alguno.

3. ACTIVIDADES PARA SU DESARROLLO.

El desarrollo de las habilidades es un complejo proceso en el que interviene la maduración y la experiencia, por lo que debemos ofrecer oportunidades a nuestro alumnado para que las adquieran (Gutiérrez, 2004).

Nos centramos en las actividades para el desarrollo de las Habilidades y Destrezas Básicas y Genéricas, a través de un cuadro-resumen original de Serra (1987, 1991 y 1994) y desarrollado por Garrote y otros (2003), además de las aportaciones de Ureña y otros (2006) y Batalla (2011).

GRUPOS DE H. Y D. BÁSICAS	ACTIVIDADES PARA SU DESARROLLO. JUEGOS DONDE EXISTAN...
DESPLAZAMIENTOS	- Marcha y carrera - Cuadrupedia y tripedia - Trepa y descenso - Deslizamientos - Propulsiones - Transportes
SALTOS	- Longitud y altura - Con o sin apoyo intermedio - Diferentes batidas - Diferentes gestos en el aire - Diferentes caídas - Varios medios y alturas
GIROS	- Tres ejes y sus combinaciones - Apoyos para el giro - Presas para el giro - Suspensiones para el giro
LANZAMIENTOS	- De precisión, de velocidad - Varias trayectorias - En suspensión - Con varios objetos - Estáticos o dinámicos
RECEPCIONES	- Estáticas o dinámicas - Con uno o varios segmentos - Variar los objetos - En apoyo o en suspensión - Varias orientaciones
GRUPO DE H. GENÉRICAS	- El Juego Popular integra a la mayoría de ellas: "Poli y Ladro", "Balón-Tiro", "Corta-hilos", "Pídola", "Pies quietos", "El pañuelo", etc.

En la programación de las tareas motrices debemos tomar en consideración las siguientes pautas **metodológicas**.

- **Variedad**. Ofrecer estímulos motores variados que contribuyan a su enriquecimiento, y a partir de los cuales, conozca, experimente y explore.

- **Significación**. Los estímulos debemos relacionarlos con sus necesidades.

- **Participación**. Organizarlas para que no haya largas esperas.

- **Actividad**. Las tareas deben demandar la máxima actividad e implicación cognitivas.

- **No sexistas**. Cuidar las tareas para que no estén contaminadas de algún elemento sexista.

- **Indagación**. Las tareas debemos plantearlas hacia la indagación y la creación.
- **Progresión**. Deben combinar lo lúdico con pequeños retos de dificultad progresiva.
- **Seguridad**. Que no supongan peligro.
- **Globalidad**. Debemos integrar los componentes motores con los de otras áreas.

Las habilidades motrices pueden **valorarse** a través de escalas de evaluación, que permiten tender un puente entre una evaluación cualitativa, basada en la apreciación subjetiva de la adecuación del movimiento a propósitos concretos, y las posibilidades de cuantificación que ofrecen los test y pruebas convencionales de carácter cuantitativo (Fernández y otros 2007).

CONCLUSIONES

En este Tema hemos visto la importancia de la habilidad motriz en el currículo de Primaria y de cómo un buen trabajo de las habilidades y destrezas básicas va a ser fundamental para el desarrollo físico, psíquico y social del alumnado. La habilidad puede estudiarse desde muchos puntos de vista tal y como hemos podido comprobar en la múltiples clasificaciones existentes en la literatura deportiva. También debemos señalar la importancia que le otorga el D.C. de Andalucía a la construcción de la habilidad motriz a lo largo de la Etapa. Por otro lado hemos diferenciado a tarea de habilidad, tratando diversos puntos de vista sobre la misma.

En la etapa de la Educación Primaria la Educación Física permite a los estudiantes explorar su potencial motor a la vez que desarrollan las competencias motrices básicas. Eso implica movilizar toda una serie de habilidades motrices, actitudes y valores en relación con el cuerpo, a través de situaciones de enseñanza-aprendizaje variadas, en las que la experiencia individual y la colectiva en los diferentes tipos de actividades permitan adaptar la conducta motriz a los diferentes contextos. En esta etapa, la competencia motriz debe permitir comprender su propio cuerpo y sus posibilidades y desarrollar las habilidades motrices básicas en contextos de práctica, que se irán complicando a medida que se progresa en los sucesivos cursos. Las propias actividades y la acción del docente ayudarán a desarrollar la posibilidad de relacionarse con los demás, el respeto, la colaboración, el trabajo en equipo, la resolución de conflictos mediante el diálogo y la asunción de las reglas establecidas, el desarrollo de la iniciativa individual y de hábitos de esfuerzo.

BIBLIOGRAFÍA

- ARRÁEZ, J. M.; LÓPEZ, J. M.; ORTIZ, Mª M. y TORRES, J. (1995). *Aspectos básicos de la Educación Física en Primaria. Manual para el Maestro.* Wanceulen. Sevilla.
- BATALLA, A. (2000). *Habilidades Motrices.* INDE. Barcelona.
- BATALLA, A. (2011). *Criterios para la optimización del aprendizaje de las habilidades Motrices.* Revista Tándem, nº 37. Barcelona.
- BUENO, M.; DEL VALLE, S.; DE LA VEGA, R. (2011). *Los contenidos perceptivomotrices, las habilidades motrices y la coordinación.* Virtual Sport. Segovia.
- CAÑIZARES, J. Mª (1999). *200 Juegos y ejercicios por Tríos para el desarrollo de las Habilidades Básicas.* Wanceulen. Sevilla.

- CAÑIZARES, J. Mª. (1996). *400 Juegos y Ejercicios por Parejas para el desarrollo de las Habilidades Básicas*. Wanceulen. Sevilla.
- CAÑIZARES, J. Mª y CARBONERO, C. (2007). *Temario de oposiciones de Educación Física para Primaria*. Wanceulen. Sevilla.
- CHINCHILLA, J. L. y ZAGALAZ, M. L. (2002). *Didáctica de la Educación Física*. CCS. Madrid.
- CEPERO, M. (2000). *Las habilidades motrices y su desarrollo*. En ORTIZ, Mª M. (coord.) *Comunicación y lenguaje corporal*. Proyecto Sur Ediciones. Granada.
- CONDE, J. L. y VICIANA, V. (2001). *"Fundamentos para el desarrollo de la motricidad en edades tempranas"*. Aljibe. Málaga.
- CONTRERAS, O. (2004). *Didáctica de la Educación Física*. INDE. Barcelona.
- CRATTY, B. J. (1982). *Desarrollo perceptual y motor en los niños*. Paidós. Buenos Aires.
- DÍAZ LUCEA, J. (1999). *La enseñanza y el aprendizaje de las habilidades y destrezas básicas*. INDE. Barcelona.
- FAMOSE, J. P. (1992). *Aprendizaje motor y dificultad de la tarea*. Paidotribo. Barcelona.
- FERNÁNDEZ GARCÍA, E. -coor.- (2002). *Didáctica de la Educación Física en la Educación Primaria*. Síntesis. Madrid.
- FERNÁNDEZ GARCÍA, E.; GARDOQUI, M. L.; SÁNCHEZ BAÑUELOS, F. (2007). *Evaluación de las habilidades motrices básicas*. INDE. Barcelona.
- FITTS, P. y POSNER, M. (1968). *El rendimiento humano*. Marfil. Alcoy.
- GALERA, A. (2001). *Didáctica de la Educación Física (I)*. Paidós. Barcelona.
- GARROTE, N., CAMPOS, J. y NAVAJAS, R. (2003). *Diseño y desarrollo de tareas motoras*. Dirección General de Deportes. Comunidad Autónoma. Madrid.
- GIL MADRONA, P. (2003). *Diseño y desarrollo curricular en educación física y educación infantil*. Wanceulen. Sevilla.
- GIMÉNEZ, F. J. (2003). *Fundamentos básicos de la iniciación deportiva en la escuela*. Wanceulen. Sevilla.
- GUTIÉRREZ, M. (2004). *Aprendizaje y desarrollo motor*. Fondo Editorial San Pablo Andalucía (CEU). Sevilla.
- HERNÁNDEZ, J. L. y VELÁZQUEZ, R. (2004). *La evaluación en Educación Física*. Graó. Barcelona.
- JUNTA DE ANDALUCÍA (2007). *Ley 17/2007, de 10 de diciembre, de Educación en Andalucía*. (L. E. A.) B.O.J.A. nº 252, de 26/12/2007.
- JUNTA DE ANDALUCÍA (2010). *Decreto 328/2010, por el que se aprueba el Reglamento Orgánico de las escuelas infantiles de segundo grado, de los colegios de educación infantil y primaria, de los colegios de educación primaria, y de los centros públicos específicos de educación especial*. BOJA nº 139, de 16/07/2010.
- JUNTA DE ANDALUCÍA (2015). *Decreto 97/2015, de 3 de marzo, por el que se establece la ordenación y el currículo de la educación Primaria en la comunidad Autónoma de Andalucía*. BOJA nº 50 de 13/03/2015.
- JUNTA DE ANDALUCÍA (2015). *Orden de 17 de marzo de 2015, por la que se desarrolla el currículo correspondiente a la educación Primaria en Andalucía*. BOJA nº 60 de 27/03/2015.
- JUNTA DE ANDALUCÍA (2015). *Orden de 04 de noviembre de 2015, por la que se establece la ordenación de la evaluación del proceso de aprendizaje del alumnado de educación primaria en la Comunidad Autónoma de Andalucía*. B.O.J.A. nº 230, de 26/11/2015.
- KNAPP, B. (1981). *La Habilidad Motriz en el Deporte*. Miñón. Valladolid.
- LAWTHER, J. D. (1993). *Aprendizaje de las habilidades motrices*. Paidotribo. Barcelona.

- MC CLENAGHAN, B. y GALLAHUE, D. (1985). *Movimientos fundamentales*. Médica Panamericana. Buenos Aires.
- M. E. C. (2006). *Ley Orgánica de Educación (L.O.E.) 2/2006, de 3 de mayo, de Educación*. B. O. E. nº 106, de 04/05/2006, modificada en determinados artículos por la LOMCE/2013.
- M. E. C. (2013). *Ley Orgánica 8/2013, de 9 de diciembre, para la mejora de la calidad educativa.* (LOMCE). B. O. E. nº 295, de 10/12/2013.
- M. E. C. (2014). *Real Decreto 126/2014, de 28 de febrero, por el que se establece el currículo básico de la Educación Primaria*. B. O. E. nº 52, de 01/03/2014.
- M.E.C. (2015). *Orden ECD/65/2015, de 21 de enero, por la que se describen las relaciones entre las competencias, los contenidos y los criterios de evaluación de la educación primaria, la educación secundaria obligatoria y el bachillerato*. B.O.E. nº 25, de 29/01/2015.
- OÑA, A. -Coor.-. (1999). *Control y aprendizaje motor*. Síntesis. Madrid.
- OÑA, A. (2005). *Actividad física y desarrollo: ejercicio físico desde el nacimiento*. Wanceulen. Sevilla.
- POULTON, E. C. (1957). On prediction in skilled movement. *Psicological bullletin*, 54, 467-478.
- RIERA, J. (1989). *Fundamentos del aprendizaje de la técnica y táctica deportiva*. INDE. Barcelona.
- RIERA, J. (2005). *Habilidades en el deporte*. INDE. Barcelona.
- RIGAL, R. (2006). *Educación motriz y educación psicomotriz en Preescolar y Primaria*. INDE. Barcelona.
- RUIZ PÉREZ, L. M. (1995). *Aprendizaje de las habilidades motrices y deportivas*. Gymnos. Madrid.
- RUIZ PÉREZ, L. M. (2000). *Deporte y aprendizaje. Procesos de adquisición y desarrollo de habilidades*. Visor. Madrid.
- RUIZ PÉREZ, L. M. (2001) -coord.- *Desarrollo, comportamiento motor y deporte*. Síntesis. Madrid.
- SÁNCHEZ BAÑUELOS, F. (1992). *Bases para una didáctica de la Educación Física y el Deporte*. Gymnos. Madrid.
- SÁNCHEZ BAÑUELOS, F. y FERNÁNDEZ GARCÍA, E. -coor.- (2003). *Didáctica de la Educación Física para Primaria*. Prentice Hall. Madrid.
- SERRA, E. (1987). *Habilidades desde la base al alto rendimiento*. Actas del Congreso de Educación Física y Deporte de Base. F.C.C.A.F.D. Granada.
- SERRA, E. (1991). *Apuntes de Educación Física de Base*. Documento multicopiado. F.C.C.A.F.D. Granada.
- SERRA, E. (1994). *Documento del "Curso sobre Habilidad y Destreza"*. Apuntes del curso. CEP. de Sevilla.
- SINGER, R. (1986). *El aprendizaje de las acciones motrices en el deporte*. Hispano-Europea. Barcelona.
- TRIGUEROS, C. y RIVERA, E. (1991). *La Educación Física de Base en la Enseñanza Primaria*. C. E. P. Granada.
- UREÑA, N.; UREÑA, F.; VELANDRINO, A. y ALARCÓN, F. (2006). *Las habilidades motrices básicas en Primaria. Programa de intervención*. INDE. Barcelona.
- VELÁZQUEZ, A. y MARTÍNEZ, A. (2005). *Desarrollo de habilidades a través de materiales alternativos*. Wanceulen. Sevilla.
- WICKSTROM, R. (1990). *Patrones motores básicos*. Alianza. Madrid.
- ZAGALAZ, Mª L.; CACHÓN, J.; LARA, A. (2014). *Fundamentos de la programación de Educación Física en Primaria*. Síntesis. Madrid.

WEBGRAFÍA (Consulta en octubre de 2015).
http://www.agrega2.es

http://recursos.cnice.mec.es/edfisica/
http://recursos.cnice.mec.es/edfisica/
http://www.ite.educacion.es/es/recursos
http://www.gobiernodecanarias.org/educacion/webdgoie/
http://www.educastur.es
http://www.adideandalucia.es
http://recursostic.educacion.es/primaria/ludos/web/index.html
www.juntadeandalucia.es/educacion/descargasrecursos/curriculo-primaria/index.html

www.ingramcontent.com/pod-product-compliance
Lightning Source LLC
Chambersburg PA
CBHW080256170426
43192CB00014BA/2692